JN059527

林 宏昭 [著]

日本の税制と財政

第2版

Japanese Tax System and Public Finance
[2nd Edition]
Hayashi Hiroaki

中央経済社

第2版へのはしがき

　本書を最初に刊行した2018年から4年が経過しました。この間，世界的な規模でコロナ禍が襲い，各国ともその対応と対策に追われました。さらに，国際状況の急激な変化もあり，日本が直面する課題は拡大の一途です。その中で政府が期待される役割は複雑化，多様化してきています。

　第2版では，2018年以降の制度変更を考慮するとともにデータを更新して加筆修正を行い，第11章「相続税と贈与税」を新たに加えました。社会，経済の変化は，税制・財政の仕組みの複雑化をもたらします。喫緊の課題に対応するための制度改正も数多く行われ，それぞれの手順や効果がさまざまな視点から検討されています。その中には，個々の利害関係者からの要望と批判もあります。しかし，政府の経済活動に関する基本的な機能や原則は時間を経ても不変であり，複雑な制度を考えるうえでも重要であると思います。

　改訂作業を行いながら筆者自身も基本的な原理原則の重要性を強く感じました。財政を通じて提供される行政サービスや給付には，全ての人に受益が及ぶものと受益者が限定されるものの両方がありますが，その財源調達の責任は社会全体が追うべきものです。また本書で述べる"公平，中立，簡素"という租税原則は，必ずしも税の検討だけでなく財政制度全般に当てはまるものだと思います。本書が税・財政についての関心を持って学ばれる方の参考になれば幸いです。

　改訂に際しても，初版と同様，中央経済社の納見伸之氏に大変お世話になりました。改めて感謝申し上げます。

2023年1月

林　宏昭

はしがき

　日本経済の柱が民間部門の生産，消費，そして投資といった活動であることは言うまでもありません。しかし同時に，国の経済の規模を示すGDPの30％以上を占める政府の活動である財政は重要な意味を持っています。日本で最初にオリンピックが開催された1964年，大阪万博の1970年を経た高度成長期から1990年のバブル経済までは，財政は民間経済のサポート役であったと言えます。しかしバブル崩壊後の長期にわたる経済の低迷，少子高齢化に対応するために，政府にはこれまでになかったような役割を果たすことが求められています。

　平成の時代はバブル経済で始まりました。しかしバブルは崩壊し，日本はそれから長期の停滞期に入ります。21世紀に入ってからもその低迷は続きます。2000年代初頭，若干の上昇が見られたものの，2008年のリーマンショックによって再びダメージを受けます。財政はこの間，財源不足が続き，2018年度末ではGDPの２倍の公的債務残高が生じています。

　本書は，日本の税制と財政を学ぶための教科書です。財政学を学習するアプローチは，財政の果たすべき役割を学び，続いて税のことを学ぶことが一般的でしょう。これに対して，本書は政府の財源調達の手段である税制を中心に据えました。

　国民や住民が望む政府が果たすべき役割があり，そのために必要な財源を調達するための仕組みが税制です。どれだけの歳出が必要かが決まるからこそ，税収が決まります。しかしながら，成熟した社会で毎年度の予算を編成するために，全ての事業についてその必要性と規模をゼロから算定することはできません。一国全体の課税対象の大きさとともに毎年度継続している予算規模は，一定の前提となります。一方，社会の構成員にとっては，自らの負担が小さく，公共サービスから大きな受益を得ることが望ましいということになるかも知れません。しかし公共サービスからの受益に対して何らかの税負担を負うことは国民の責任です。その意味では税について考えることは，

全ての納税者にとって重要です。

　本書の第1章と第2章では，なぜ税が必要かにつながる財政の役割とともに税制を概観します。第3章では，個人や企業に対して負担を求める税制のあり方を考えるときの物差しとなる租税原則を説明します。第4章から第10章までは，日本の制度の解説を交えながら基幹的な税について論じます。

　第11章は財政の役割である所得再分配と日本の社会保障制度，第12章では経済安定機能としての財政政策，そして第13章では国の財政とともに車の両輪をなしている地方財政と地方税制について説明しています。

　近年，“租税教育”という言葉もよく聞かれるようになりました。広く，税の必要性とともに，その仕組みや課題についての理解を深めることが課題です。

　平成のスタートは，戦後税制の基礎となったシャウプ勧告以来と言われた税制改革が行われた時期でもありました。1980年代，高度成長期を経て安定成長期に入っていた日本は，国民全体の所得水準が上昇します。日本の労働形態は次第に給与所得者の割合が高くなり，その給与所得者の分配状況で見た不平等度は縮小します。その結果，1980年頃には“一億総中流”という言葉も使われるようになります。1980年代の税制改革に関する議論は，個人（家計）の税負担のフラット化と間接税の見直しが大きなテーマで，そのためにいくつかの税制改革案が検討されます。私事ですが，筆者も税制改革案の作成に関わりました。1990年代以降は消費税率の引上げが議論の中心になっていますが，同時に所得税や法人税についても改正が進められてきました。本書では，国の基幹税であるこれらの税制を取り上げています。

　税制には，この他に相続税や市町村の固定資産税といった資産課税があります。前者は資産の不平等の縮小，そして後者は市町村（東京都区部は都）の重要な財源です。また，さまざまな目的を持った税制があり，それぞれに課題を抱えています。本書では全ての税制について言及しているわけではありませんが，取り上げた税制についての考察は，他の税の検討でも活かすことができると思います。

　今日の租税原則は“公平”，“中立”，“簡素”と言われます。私が学生時代（40年前）にもこの原則を学びました。しかしながら，社会や経済の環境に

よって，望ましい税のありようは変わる可能性もあります。納税者は，それぞれの時代，社会に相応しい"公平"，"中立"，"簡素"を考えなければいけません。

税制と財政は経済問題です。経済学では，それぞれの経済主体が目的に応じた行動を取ることを前提に，最適解を見つけようとします。一方，消費税率の引上げに関して賛否が分かれるように，税や公共サービスの決定を巡ってはさまざまな意見があります。それでも，税制・財政は国や地域で共通した制度を設計しなければいけません。

現在の経済はかつて考えられなかったほど複雑化しています。それを受けて税制・財政も複雑化することは避けられませんが，できるかぎりその仕組みについての理解も不可欠です。その理解があってはじめて課題についても明確にすることができます。そうすることで，社会の構成員つまり納税者は，直面している制度を所与のものとして捉えるのではなく，何が問題か，そしてどのように改善すべきかを考えることができると思います。本書がそういった学習の一助になることを願っています。

最後になりましたが，本書の企画，出版にあたっては，中央経済社の納見伸之氏にご助力をいただきました。ここに記して感謝申し上げます。

2019年1月

林　宏昭

CONTENTS

第3章 　望ましい税とは

第4章 所得課税論

第5章　日本の所得税制

第6章　日本の所得税制の論点

第7章 消費課税論

第10章 **日本の法人税**

第11章 **相続税と贈与税**

第１章 市場の失敗と税

1.1 民間部門と公共部門

▣ 経済に占める政府の財政

　民間部門において主として生産を担う企業は，労働や資本という生産要素を市場で調達する。一方，家計は労働力や資本を供給すると同時に，そこから得た所得で消費財の市場を通じて財・サービスを購入する。また，企業の機械設備等の投資財も民間部門の中で取引きが行われる。

　生産要素，消費財，投資財はいずれも市場において価格と量が決定される。経済学では，それぞれの財・サービスの市場において価格と取引（生産）量が決定され，その状態が最も望ましいとされる。市場において，企業は利潤

図 1 - 1　民間部門と公共部門

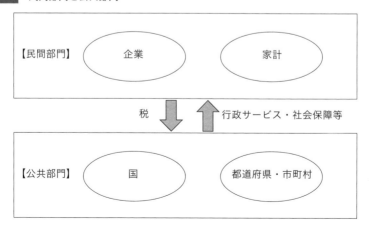

の最大化を，そして家計（個人）は効用の最大化を目指す行動を取り，その結果，社会的な厚生の最大化が達成される。市場で決定される民間の経済活動によって社会的な厚生の最大化が実現されるのであれば，政府による経済への関与は必要がなくなる。しかしながら，資本主義を柱とする各国でも政府は経済の中で重要な位置を占めている（図1－1）。

一国の経済において政府の活動がどのようなウエイトを占めているかをIMF（国際通貨基金）が行っている国際比較を用いて確かめておこう。

図1－2は，IMF（国際通貨基金）のデータに基づいて日本を含む先進各国の一般政府（国，地方，社会保障基金）の収入と支出の対GDP比を示したものである。データは2020年のもので，政府支出は新型コロナ感染症への対応として講じられた給付金をはじめとする様々な施策の影響を大きく受けている。

日本の支出は，2019年は37.7％であったものが2020年には8％ポイントも上昇しており，収支差も大きくなっている。またカナダ，イギリス，アメリカ各国も前年と比べて10％ポイント程度上昇している。一方，もともと政府規模が大きくGDPの2分の1に達していたヨーロッパ諸国ではそれほど大

図1－2　各国の政府収入・政府支出の対GDP比（2020）

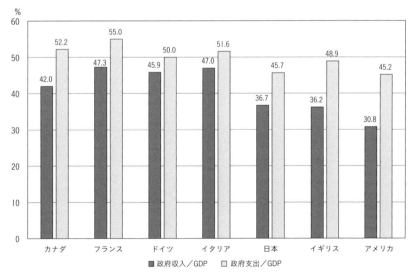

備考）政府収入は，税，社会保障負担，その他の歳入。政府支出は，国，地方，社会保障基金の支出。
出所）IMF DATA（https://data.imf.org/?sk=89418059-d5c0-4330-8c41-dbc2d8f90f46&sId=1437430552197）より作成。

きな割合の上昇は見られない。

■ 税の必要性 ——市場の失敗

　一国の経済において，政府は，家計および企業からなる民間部門から税を徴収し，さまざまな行政サービスを提供し，また社会保障を実現する。税と行政サービスの組合せは，現代社会に住む人にとっては当然のことと理解されている。一方で，多くの納税者には重税感があり，その使途について必ずしも納得をしていない。

　1980年代後半，日本では「シャウプ勧告以来」の税制改革が議論され，消費税の導入へとつながっていく。その時期，政府は「税金に関する世論調査」[1] を実施して，重税感や税に関する不満の調査を行っている。

　近年は，このような公的な意識調査は行われていない（少なくとも公開されていない）が，財政赤字や財政再建が問題になる時期には，"増税ではなく行政改革"で，という声が強まる。また，消費税に関しては，導入以降，3度の税率引上げが実施されたが，その都度経済へのマイナス効果が強調される。政府が展開するさまざまな施策のためには財源（税）が必要であることは理解しつつ，直面している行政サービスの状況，つまり税の使われ方については納得できない，あるいは疑問があるということであろう。

　市場を重視する社会では，市場を通じて生産量や価格が決まるときに経済における資源配分の効率性が達成される。家計（個人）は自らの効用を最大化することを目指して行動し，企業は利潤の最大化を目標として生産活動を行うことが前提となるが，これでは，他者も含めた社会全体の利益に対する考慮の余地がない。つまり，市場を通じた活動のみでは，社会全体の利益を高めることを目指す行動は生まれない。これが"市場の失敗"と言われるものであり，その対応が政府に求められる。

　政府の経済活動とも言える財政は，支出とその財源となる税制から成っており，財政に求められる機能と税制は裏返しでもあり，また税制が財政の機能の一部を担う関係にある。

---

1) 1981年，1986年にそれぞれ内閣府が実施。

■ 公共財の供給 ——資源配分機能

　市場の失敗の代表的なものは，公共財の存在である。たとえば，住民生活の安全を守る治安活動は，市場で個人が自らのために購入することはない。また，よほどの篤志家でない限り，社会の利便性を高めるための社会資本の整備のために私的な資金を支出することはない。このような，市場での取引きは成立しないが，社会的には必要である公共財が供給されるように，資源を振り分ける資源配分機能は政府に求められる最も重要な仕事である。税はそのための財源調達の手段であり，この点は多くの納税者が理解しているところであろう。

■ 所得や富の再分配 ——所得再分配機能

　次に，政府の役割が求められるのは所得分配を是正すること，つまり所得再分配機能である。市場で決定される所得や富の分配は，それぞれの当初の賦存量と所得を獲得する能力の大きさによって決まる。しかし，一次的な所得分配は，極端な社会的不平等を引き起こす可能性があり，また，けがや病気，加齢によって所得の獲得が困難になるリスクは誰しも持っており，市場での経済活動による解決は望めない。過度の不平等を改善し，セーフティネットを用意することが政府に求められる2つ目の役割である。

■ 不況やインフレへの対応 ——経済安定機能

　そしてもう1つの市場の失敗が，不況やインフレーションという経済変動が生じることである。日本では，循環的な好不況だけでなく，1970年代のオイルショックや，最近では2008年のリーマンショックのような海外で発生した金融危機に端を発する不況も起きている。政府には，市場で生じる経済の不安定を抑制する経済安定機能が期待される。

　日本ではバブル崩壊後の1990年代から2000年代へと長期にわたってデフレが続き，デフレからの脱却が大きな目標とされてきた。デフレへの対応策としては，貨幣供給のコントロールを行う日本銀行（中央銀行）の果たす役割が大きく注目されることも多い。財政に求められるのは，景気対策としての

公共支出の拡大や増税による景気の過熱の抑制である。

　以上の財政の3つの機能は，アメリカの財政学者マスグレイブによる財政の基本的な3大機能に沿ったものである。現代社会では環境問題やエネルギー問題等，さまざまな社会問題が生まれているが，それらへの対応は広い意味での公共財の範囲が拡大しているという整理が可能であろう。

　基本的な財政の機能への対応とは別に，現代の税制はさまざまな政策のためにも利用されている。たとえば，一国にとどまらず世界的な問題となっている環境問題への対応としての環境税がある。環境税は，環境に負荷を与える化石燃料等に課税することでその利用を抑制することを目的とする。また，酒やたばこなど社会的に消費を抑制すべきと考えられる商品に対して重課することも同様の作用が求められている。一方，環境政策としては，環境面で望ましいと考えられる財や資産について免税策を講じる形で税制が活用されるケースもある。

　さらに，景気対策としての増減税だけでなく，いわゆる"成長戦略"の一環として，投資の拡大や研究開発への優遇が行われる。2017年の安倍政権では，賃金の引上げに対する法人税減税も実施されるなど，今日の税制はさまざまな目的で活用されている。

1.2　税の種類

■　日本の税体系

　1.1で述べたような公共部門の役割を果たす税は，単一の税で全てに対応しているわけではなく，さまざまな税が組み合わされて税体系が構築される。税体系のあり方を検討するうえで，個々の税制の特性や仕組みを理解しておくことは非常に重要である。個々の税制については，いくつかの分類をすることが可能である。

　税の区分としては，"誰が"，"何に"課税するか，つまり，課税主体と課税客体が大きな括りとなる。日本の場合，課税権を持つのは公共部門である国と地方団体だけである。課税客体は個人，または法人ということになるが，

表1-1　日本の税体系（2022年度）

	国税	地方税		国税	地方税
所得課税	所得税 法人税 地方法人特別税 復興特別所得税 地方法人税	住民税 事業税	消費課税	消費税 酒税 たばこ税 たばこ特別税 揮発油税 地方揮発油税 石油ガス税 自動車重量税 航空機燃料税 石油石炭税 電源開発促進税 国際観光旅客税 関税 とん税 特別とん税	地方消費税 地方たばこ税 ゴルフ場利用税 自動車取得税 軽油引取税 自動車税 軽自動車税 鉱区税 狩猟税 鉱産税 入湯税
資産課税等	相続税・贈与税 登録免許税 印紙税	不動産取得税 固定資産税 事業所税 都市計画税 水利地益税 共同施設税 宅地開発税 特別土地保有税 法定外普通税 法定外目的税 国民健康保険税			

出所）財務省HP（https://www.mof.go.jp/tax_policy/summary/condition/a01.htm）。

課税ベースとしては，大きく所得，消費，資産とに分けることができる。

　表1-1は，財務省のホームページに掲載されている，2022年度現在の日本の税体系である。表では，国税と地方税の区分，そして課税ベースによる区分で示されている。

◼ 課税主体による分類──決算額の推移

　税は，法律で定められたうえで課税されるが，課税主体となることができるのは公共部門（政府）のみである。つまり課税権を持つのは，国および地方政府（日本では地方公共団体）だけである。

　表1-2は，2020年度における国税および地方税の税収（決算額）を示したものである。国税には，一般会計の税収と特別会計分の税収とがあり，特別会計分は，主として地方団体への譲与税財源となる。

　地方税は，道府県税（東京都を含む）と市町村税があり，合計は約41兆円である。道府県税のうち地方消費税や道府県民税の一部[2]は，市町村への交

---

2)　利子割，配当割，株式譲渡所得割。

単位；百万円

国税	決算額	構成比(%)	地方税	決算額	構成比(%)
一般会計分			道府県税		
所得税	19,189,790	31.6	道府県民税	5,502,528	30.0
源泉所得税	15,997,575	26.3	個人均等割	122,464	0.7
申告所得税	3,192,215	5.2	所得割	4,471,049	24.3
法人税	11,234,626	18.5	法人均等割	152,817	0.8
相続税	2,314,539	3.8	法人税割	395,201	2.2
消費税	20,971,366	34.5	利子割	32,540	0.2
酒税	1,133,617	1.9	配当割	152,195	0.8
たばこ税	839,819	1.4	株式等譲渡所得割	176,263	1.0
揮発油税	2,058,244	3.4	事業税	4,298,256	23.4
石油ガス税	4,625	0.0	（個人分）	215,970	1.2
航空機燃料税	8,522	0.0	（法人分）	4,082,286	22.2
石油石炭税	607,754	1.0	地方消費税	5,423,752	29.5
電源開発促進税	311,017	0.5	不動産取得税	374,327	2.0
自動車重量税	398,517	0.7	道府県たばこ税	133,459	0.7
国際観光旅客税	1,041	0.0	自動車税	1,623,403	8.8
関税	819,469	1.3	軽油引取税	910,147	5.0
とん税	9,190	0.0	その他	102,793	0.6
その他	4	0.0	計	18,368,664	100.0
印紙収入	919,463	1.5			(45.0)
計	60,821,604	100.0			
		(93.7)	市 町 村 税		
			市町村民税	10,239,274	45.0
特別会計分			個人均等割	227,556	1.0
地方法人税	1,418,255	34.5	所得割	8,199,125	33.6
地方揮発油税（譲与分）	220,223	5.4	法人均等割	436,147	2.0
自動車重量税（譲与分）	290,958	7.1	法人税割	1,376,446	8.3
石油ガス税（譲与分）	4,625	0.1	固定資産税	9,380,072	41.8
航空機燃料税（譲与分）	2,434	0.1	土地	3,479,313	15.9
特別とん税（譲与分）	11,487	0.3	家屋	4,040,303	17.8
特別法人事業税（譲与分）	671,719	16.3	償却資産	1,773,944	7.6
地方法人特別税（譲与分）　※	977,686	23.8	交付金	86,512	0.4
たばこ特別税	112,151	2.7	軽自動車税	285,425	1.1
復興特別所得税	401,621	9.8	市町村たばこ税	817,068	4.3
復興特別法人税	245	0.0	都市計画税	1,329,627	5.9
計	4,111,404	100.0	その他	405,492	1.9
		(6.3)	計	22,456,957	100.0
					(55.0)
国税総計	60,821,849	(100.0)	地方税総計	40,825,620	(100.0)

備考）(1)　括弧内は，総計に対する割合。
　　　(2)　地方税において，東京都の収入については，特別区が徴収する道府県税相当分は，市町村税収入から
　　　　　控除して道府県税収入として加算し，東京都が徴収する市町村税相当分は，道府県税収入から控除して
　　　　　市町村税収入として加算した。
　　　(3)　固定資産税には国有財産にかかる交付金を含む。
　　　※　地方法人特別税は各法人が2020年9月30日までに開始する事業年度をもって廃止。
出所）国税庁『国税庁レポート2022』，総務省『地方税に関する参考計数資料（令和4年度）』。

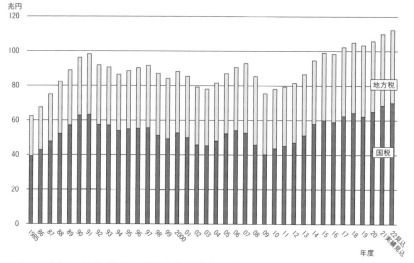

図1−3 税収（国税＋地方税）の推移

出所）総務省「令和4年度　地方税に関する参考計数資料」(http://www.soumu.go.jp/main_sosiki/jichi_zeisei/czaisei/czaisei_seido/ichiran06_r04.html)。

付金として配分されるため，実質的な地方税の配分割合は市町村分のほうが高い。

図1−3は，国税と地方税を合わせた総税収の推移を見たものである。税収は，バブル期1991年度に98兆円とピークに達するが，バブル崩壊後は80兆円台で推移する。

そして，2000年代に入り増加傾向を示すものの，2008年のリーマンショックにより2009年度には75兆円にまで低下する。近年は2014年度まで税収増が続き，2017年度にはほぼ100兆円に達する。国税と地方税の割合は概ね国が6，地方が4で，国税の割合が高くなっている[3]。

■ 課税ベースによる分類

図1−4は，所得，消費，資産の課税ベースごとの税収の構造がどのように推移してきたかを示したものである。所得課税については，個人所得と法

---

3) 国から地方への資金移転を考慮した実質的な支出は地方のほうが大きく，税収の割合とは逆転する。

8

図1-4 所得・消費・資産等の税収構成比の推移（国税＋地方税）

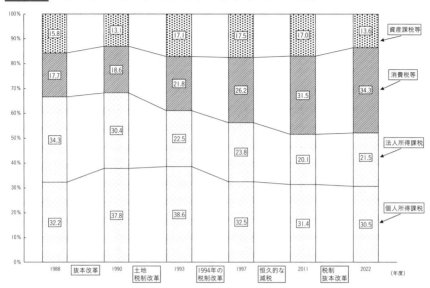

注）1. 2011年度までは決算額，2022年度については，国税は予算額，地方税は見込額による。
  2. 所得課税には資産性所得に対する課税を含む。
出所）財務省「税収に関する資料」（https://www.mof.go.jp/tax_policy/summary/condition/a03.pdf）。

図1-5 所得・消費・資産課税等の税収構成比の国際比較（国税＋地方税）

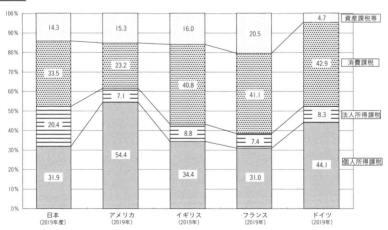

注）1. 日本は2019年度決算。諸外国は，OECD "Revenue Statistics 1965-2020"のデータを使用，計数は2019年のものである。
  2. 所得課税には，利子，配当及びキャピタルゲインに対する課税が含まれる。（注4）
  3. 資産課税等には，資産課税及びその他の課税が含まれる。資産課税とは，富裕税，不動産税（固定資産税等），相続・贈与税及び流通課税（有価証券取引税，取引所税，不動産取得税及び印紙収入等）等を指し，日本の割合は13.9%である。
出所）財務省「税収に関する資料」（https://www.mof.go.jp/tax_policy/summary/condition/017.pdf）より作成。

人所得に分けてある。消費税が導入された1989年の抜本的税制改革以降，消費課税の割合が次第に高まっていることがわかる。一方，所得課税のうち法人所得に対する課税は約10％ポイント低下している。

　続く**図 1 − 5** は，所得，消費，資産等という課税ベースに基づく分類で各国の税制を比較したものである。

　アメリカは所得課税，ヨーロッパ諸国では消費課税の比率が高い。一方，日本は個人所得課税と消費課税がそれぞれ大きくなっているが，法人所得課税への依存が大きいことが特徴である。近年，ヨーロッパの各国や日本では社会保障の拡大によって，消費課税（付加価値税）の税率引上げが注目されているが，所得課税にも一定の重要性がある。

■ 直接税と間接税

　次に，一般的に用いられる分類が，直接税と間接税の区分である。この分類は，課税当局への納税義務者と実際の税の負担者との関係によるもので，負担者がそのまま納税者となる税を直接税，負担者と納税者が異なる税を間接税と言う。

　直接税として代表的なものは所得税である。申告納税を行う所得税は納税者自らが申告して納税するものである。日本では，多くの所得税で事業者による源泉徴収方式が採用されており，サラリーマンをはじめとして，多くの納税者が直接税務署とやり取りをすることはない。しかしながら，給与所得や利子所得などから源泉徴収を行う事業者は所得税の源泉徴収義務者，また，個人住民税については特別徴収義務者に指定されており，課税当局に代わって税を徴収する役割を担っている。そのため，各個人にとっては事業者を通して課税当局に納税していることになり，所得税や個人住民税は直接税と位置づけられる。

　一方，間接税は，税の設計上，納税義務者と税の負担者が異なる税である。日本の代表的な間接税は消費型付加価値税の消費税である。消費税の納税義務は，生産から流通にいたる全ての事業者であるが，その負担は最終的な消費者が負うことになる。そして，酒税やたばこ税，また日本で消費税導入まで実施されていた物品税のような個別間接税は，生産や流通のどこかの段階

で課税され，その税は価格に含まれることで消費者が負担する。

■ 目的税と普通税

　財政は，基本的には公的に必要となる財政支出を全体として調達することを原則とする。その意味では，税はその大半が使途の限定されない一般財源となる。そして，使途の定められない税のことを普通税（一般税）と言う。

　一方，個別の受益と税負担との間に密接な関連がある場合には，その受益者に対して課税する目的税が認められる。日本で目的税の代表と位置づけられていたのが，自動車のガソリン税（揮発油税＋地方道路譲与税）で，2008年度まで全て道路整備に充当されていた。ガソリンを多く使用することは道路を多く利用することとみなし，道路を多く利用する人（自動車）に大きな税負担を求める仕組みであった。しかし，2009年度以降は，道路水準が向上してきたことや厳しい財政状況を背景に，一般財源化が行われた[4]。

　2022年度現在，国税の目的税は発電用施設の設置を促進するための電源開発促進税，港湾施設の維持等のために市町村に譲与するための特別とん税，そして外国人観光客施策に用いる国際観光旅客税等があり，また，所得税の付加税の形で，東日本大震災からの復興に充てるために復興特別所得税が2013〜37年の間課税されている。地方税では，都市計画が策定されているエリアで固定資産税と合わせて課税される都市計画税がある。また近年は，地方税法で定められた税制以外の法定外目的税が設けられている[5]。

　目的税という視点からは，社会保障財源としての消費税が重要な位置を占めている。2014年度の消費税率の引上げ（地方消費税と合わせて5％から8％へ）に伴って，消費税法の中で社会保障経費に充当されることが規定された。消費税の場合は，負担と社会保障からの受益の大きさには直接の関係はなく，使途を限定するという意味での目的税である。

4）　道路特定財源にはガソリン税の他に，石油ガス税，自動車重量税があり，2008年度には約5.6兆円の税収があった。
5）　都道府県の産業廃棄物税や，東京都，大阪府，京都市等の宿泊税など。

■ 人税と物税

　税は，納税者あるいは負担者の経済力や特性を考慮して課税する（ことができる）「人税」，考慮のない「物税」という区分もできる。人税の代表は所得税で，所得額だけでなく，扶養状況やその他の経済的状況も配慮した課税が可能である。一方，このような配慮が難しい物税の代表は消費税や個別間接税であり，購入者がどのような経済状況であるかにかかわらず，価格に含まれた同額の税負担を支払う。つまり，間接税等の物税は，負担者の担税力とは無関係に課税されている。

　一般的に所得税が累進的な負担構造となるように設計されるのに対して，消費税はその負担の逆進性が問題とされる。しかし，財・サービスの価格に一定割合もしくは一定額で含まれる税は誰が購入しても同額であり，これを所得に対する負担率で見れば必然的に高所得者ほど低くなる。税制の設計においては，負担配分は大きな検討材料であり，人税と物税をどのように組み合わせるかは重要な視点であると言うことができる。

1.3　国民負担率の国際比較

　図1－6は各国の租税と社会保険料を合計した国民負担率（対国民所得比）を示したものである。

　近年，国民負担の上昇が顕著なのはフランスで，60％以上に達している。福祉国家として有名なスウェーデンも50％を上回っている。日本は44％程度であり，主要国ではアメリカが国民負担の低い国である。

図1-6 国民負担率（対国民所得比）の内訳の国際比較

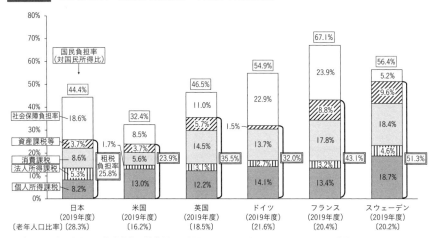

注）1. 日本は令和2019年度実績。諸外国は，OECD "Revenue Statistics 1965-2020"及び同"National Accounts "による。

2. 租税負担率は国税及び地方税の合計の数値である。また個人所得課税には資産性所得に対する課税を含む。

3. 四捨五入の関係上，各項目の計数の和が合計値と一致しないことがある。

4. 老年人口比率については，日本は総務省「人口推計（2019年（令和元年）10月1日現在（補間補正値））」，諸外国は国際連合"World Population Prospects: The 2019 Revision Population Database"による。

出所）財務省「わが国税制・財政の現状全般に関する資料」（https://www.mof.go.jp/tax_policy/summary/condition/020.pdf）。

第2章 政府支出と税

税の問題は，政府によってそれがどのように活用されているかという問題と裏表である。つまり，税を学ぶには，それがどのように使われているかを理解する必要がある。本章では，日本の財政の現状とともに，公共財の特性について述べる。

2.1　日本の政府支出

■ 政府支出の推移

納税者による税負担への理解は，政府からの何らかのサービスを受けていることが前提である。しかしながら，政府から十分なサービスを受けていないということも含めて，税の使い方について納得ができない人が多いというのが現状である。21世紀に入り政権交代があったが，その際には，税の使い方について大きく見直すことがテーマとなり，10兆円を超える予算の組み直しが提案された。"事業仕分け"という言葉も大きくクローズアップされたが，結果的には当初の見込み通りの財源を捻出することはできなかった。その後2010年代，国の一般会計予算は拡大し，2019年度に100兆円に達する。

税の使い途について納税者の理解を深めるためには，さまざまな視点から政府支出の状況を見る必要がある。国，地方ともに，財政運営は毎年度の予算に基づいて行われる。財政とは，基本的に第1章で述べたような機能に対応して税負担を求めるものであるが，毎年度，「来年はどれだけの費用がかかるのか」をゼロから積み上げるのではなく，継続的な事業が行われるケースもあり，また，実績に基づいて翌年度の経費を見積ることもある[1]。予算

編成においては，支出増を抑制するために，ゼロベース予算[2]やゼロシーリング予算[3]の導入が検討されるが，不況の対策や近年では社会保障費の増大もあり，日本の政府支出の規模は拡大する。

　図2－1は，1990（平成2）年度以降の国の一般会計予算（当初）の推移を示したものである。

　日本では1980年代後半から，地価や株価の急激な上昇（バブル）とともに所得や消費も拡大する。しかし，1991年をピークにバブルは崩壊し，その後は"失われた10年"，"失われた20年"とも言われる長期の経済の停滞が続く。図で示されるように1990年代を通じて国の財政支出は継続的に増加する。これは主として，公共事業などの景気対策が続けられたことによる。一方，バ

図2－1　国の一般会計予算の推移（当初ベース）

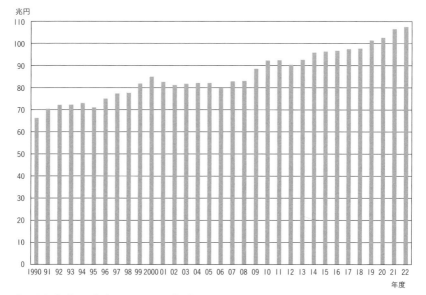

出所）財務省「予算・決算（国のお金の使い道）」（https://www.mof.go.jp/policy/budget/index.html）。

---

1)　前年度予算と比較して増額を目指す予算編成は，しばしば"増分主義"として批判される。
2)　ゼロベース予算とは，過年度の予算実績とは無関係に，予算をゼロから算定し直して作成すること。
3)　ゼロシーリング予算とは，前年度予算と同額とすることを原則とした予算編成のこと。減額を原則とする場合をマイナスシーリングと言う。

ブル崩壊後は税収が落ち込み，景気対策としての減税も実施されたことから，財政赤字が拡大し，国債，地方債からなる公的債務が累増した。

2000年代に入ってからは政府支出の拡大にブレーキがかかる。2003年からは地方財政も巻き込んだ"三位一体改革"も実施され，国，地方を通じた財政健全化策が講じられた。2005年には経済財政諮問会議において「歳出・歳入一体改革」への取組みが打ち出される。しかしながら，2008年には世界経済を揺るがした"リーマンショック"が起こり，景気対策としての財政出動が始まる。また，政権交代のあった民主党政権下では，新たな政策を展開するための支出拡大が顕著になる。

2011年3月には東日本大震災が発生し，2010年度，11年度は政府支出が増加するが，2012年度には一旦縮小する。そして，2013年度，14年度と拡大し，それ以降はほぼ横ばいで推移していたが，2019年度以降，拡大が続いている。

■ 財源不足

"財政健全化"や"財政再建"は，昭和の時代から常に課題であった。1970年代から，政府支出がその財源である税収を上回る期間が続いているということである。

支出に収入が足りなければ，必然的に借入れで賄うことになる。ただし，政府による借入れが合理的と考えられるケースもある。その第1は，受益が長期間に及び，その年の納税者だけに負担を求めることが相応しくないと考えられるケースである。具体的には，道路や橋など，その利用による受益が長期間にわたる社会資本は，建設時の納税者だけでなく，利用期間を生きる人々に負担を求めるべきである。そのためには，建設時に借入れ，つまり公債の発行によって財源を調達し，利用期間を通じて税収から償還する。言い換えれば，受益が長期にわたる社会資本の整備の決定は，将来にわたる住民の税負担の一部について，その使途を決めることを意味する。毎年度にかかる公債の償還のための積立と利払いは，予算上は各年度に調達しなければならない費用の一部ということになる。

日本の財政は，財政法第4条の規定によって毎年度の支出をその年の税収で賄う均衡予算を原則とすることが求められているが，同じく第4条では，

公共事業に充当する場合と，出資や貸付けについては公債の発行を認めることとしており，これまで述べた建設事業のための建設公債はこれに当たる。

　これ以外に，政府支出を賄う財源として借入れが行われるのは，震災や豪雨など自然災害のために緊急の資金が必要となるケースと，財政法では認められないものの，特別に法律を策定して発行される特例公債である。このうち後者は，予算編成において財源（税収）不足が発生する際に用いられることから，赤字公債とも言われる。

　建設公債と赤字公債をたとえて言えば，建設公債が住宅ローンであるのに対して赤字公債は毎月の生活費の不足分の借入れである。もちろん，借入れではなく資産としての貯蓄が多くあれば，その取崩しで対応することも考えられるが，いずれにしても収支がマイナスであることに変わりはない。

2.2　大きな政府と小さな政府

■　一般会計の推移

　前節では日本の財政状況について示した。財政状況の悪化と累積する公債をどのように捉えるかについてはさまざまな考え方がある。それはつまり，累積する公債を改善すべき課題とみなすかどうかである。日本は国債のほとんどが国内の資金で消化されていること，また，外国為替準備金などの資産も保有していることから負債についてはそれほど大きな問題ではないとする指摘もある。

　図2－2は，財務省のホームページに掲載されている国の一般会計の税収，歳出総額，公債発行額の推移を見たものである。先の図2－1が予算ベースであったのに対して，図2－2は2020年度まで決算ベースで示されている。たとえば，政権交代のあった2009年度は，予算では90兆円を下回っていた歳出は決算で101兆円と10兆円の拡大が見られた。また，コロナ禍に見舞われた2020年度は歳出決算額が予算を約40兆円上回っており，2021年度の見込みでも同様に予算を大きく上回る。

　財政悪化や公的債務の累増に対応するためには，歳入の増加か歳出の削減

図2-2 一般会計税収，歳出総額および公債発行額の推移

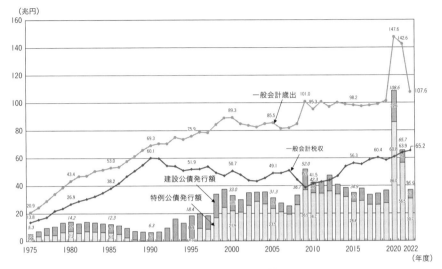

注) 1. 2020年度までは決算，2021年度は補正後予算，2022年度は予算による。
注) 2. 特別公債発行額は，2020年度は湾岸地域における平和回復活動を支援する財源を調達するための臨時特
別公債，1994～96年度は消費税率３％から５％への引上げに先行して行った減税による租税収入の減少
を補うための減税特例公債，2011年度は東日本大震災からの復興のために実施する施策の財源を調達す
るための復興債，2012年度及び2013年度は基礎年金国庫負担２分の１を実現する財源を調達するための
年金特例公債を除いている。
出所) 財務省HP（https://www.mof.go.jp/tax_policy/summary/condition/a02.pdf）。

のいずれかが必要となる。日本における高度成長期のように名目的な経済成
長が続けば，税収の弾性値（経済成長率に対する税収の増加率の割合）が１を
上回る限り，歳入と歳出のギャップは小さくなる。しかし，安定成長から低
成長へと移行し，かつてのような経済の拡大と税収の伸びが望めない今日，
財政運営上の対応が必要となっている。自治体財政も含めて，財政再建や健
全化が議論されるときに主張されるのが，行政改革や歳出削減である。税収
が不足するのであれば，歳出を歳入に合わせること，また，日本はできる限
り市場へ委ね，小さな政府を目指すべきとする意見もある。

　一国の経済において公共部門がどのようなウエイトを占めているかを前章
図１－２で示したIMF（国際通貨基金）が行っている国際比較で見ると，日
本は大きな政府という状況にはないと言える。同時に，税と社会保障の国民
の負担も国際的に高い水準にあるわけではない。

■ 公務員の数

　政府の大きさを見るには，支出の規模が最重要な指標であるが，もう1つ，税を財源とする雇用者，つまり公務員の数も参考になる。人事院の資料では2021年度の公務員の数は，国と地方を合わせて333万人とされている[4]。日本では，2000年代に入って国立大学などの独立法人化が進み，また郵政民営化の影響もあり，大きく減少している。同じ人事院の統計では2000年度に435万人であるから，約100万人少なくなっている。

　OECDの統計では，各国の雇用者総数のうち公務員（employment in general government）がどれだけの比率を占めているかを示している[5]。

　2019年，OECD諸国の中で最も高いのは，ノルウェー，デンマーク，スウェーデン，そしてフィンランドの北欧諸国であり，25％から30％を占めている。OECDの平均は18％で，アメリカでは15％となっている。日本は，6％で他国と比べると極端に公務員の比率は低い。財政健全化の議論においては，公務員への風当たりが強くなる傾向が見られるが，日本の現状を客観的に捉えたうえでの批判であることが重要である。

2.3　政府支出の構造

■ 政府支出の構造

　政府の規模とともにその支出の内容は非常に重要である。大学での講義においても，「税負担は仕方ないが，その使途についての説明が不十分」という意見がよく見られる。実際には，国の予算が発表される際には新聞やニュースで取り上げられ，地方団体は広報の発行などを通じて予算の説明を行っている。もちろんそれで十分な周知が図られているわけではないが，納税者の側にも日常的な関心が必要ということであろう。

---

4)　人事院「国家公務員の数と種類」（https://www.jinji.go.jp/pamfu/R3profeel_files/03_kazu_to_syurui _342KB.PDF）による。
5)　OECD, *Government at Glance2021*による。

表 2 － 1　2020（令和 2）年度の国・地方を通じた歳出

(単位：億円・％)

区分	一般会計	特別会計	計	うち重複額	差引純計 (A)	地方 (B)	国から地方に対する支出 (C)	地方から国に対する支出 (D)	国 (A)-(C)=(E)	構成比	国・地方 (B)-(D)=(F)	構成比	総額 (E)+(F)=(G)	構成比	総額中地方の占める割合 (F)/(G)	国の純計に占める地方に対する支出する割合 (C)/(A)
機関費	185,313	—	185,313	—	185,313	285,164	132,615	—	52,698	5.4	285,164	22.9	337,861	15.2	84.4	71.6
一般行政費	150,346	—	150,346	—	150,346	221,034	131,491	—	18,855	1.9	221,034	17.8	239,890	10.8	92.1	87.5
司法警察消防費	16,982	—	16,982	—	16,982	54,448	1,124	—	15,858	1.6	54,448	4.4	70,306	3.2	77.4	6.6
外交費	9,824	—	9,824	—	9,824	—	—	—	9,824	1.0	—	—	9,824	0.4	—	0.0
徴税費	7,989	—	7,989	—	7,988	9,681	—	—	7,988	0.8	9,681	0.8	17,669	0.8	54.8	0.0
貨幣製造費	172	—	172	—	172	—	—	—	172	0.0	—	—	172	0.0	—	0.0
地方財政費	163,333	511,691	675,024	478,236	196,788	194,469	194,469	—	2,319	0.2	—	—	2,319	0.1	—	98.8
防衛費	55,197	—	55,197	—	55,197	—	365	—	54,832	5.6	—	—	54,832	2.5	—	0.7
国土保全及び開発費	85,446	13,271	98,717	3,518	95,199	148,880	40,487	9,560	54,712	5.6	139,320	11.2	194,032	8.7	71.8	42.5
国土保全費	16,167	1,631	17,797	31	17,766	24,517	7,294	3,017	10,473	1.1	21,500	1.7	31,972	1.4	67.2	41.1
国土開発費	60,872	11,640	72,512	3,487	69,025	114,316	27,631	6,156	41,394	4.2	108,161	8.7	149,555	6.7	72.3	40.0
災害復旧費	6,179	—	6,179	—	6,179	10,047	5,563	387	616	0.1	9,660	0.8	10,276	0.5	94.0	90.0
その他	2,229	—	2,229	—	2,229	—	—	—	2,229	0.2	—	—	2,229	0.1	—	0.1
産業経済費	230,015	21,236	251,252	6,636	244,615	127,985	12,361	—	232,254	23.7	127,985	10.3	360,239	16.2	35.5	5.1
農林水産業費	23,619	—	23,619	—	23,619	12,730	3,468	—	20,151	2.1	12,730	1.0	32,881	1.5	38.7	14.7
商工費	206,396	21,236	227,632	6,636	220,996	115,255	8,893	—	212,103	21.6	115,255	9.3	327,358	14.7	35.2	4.0
教育費	72,383	195	72,578	4	72,574	180,926	35,641	—	36,933	3.8	180,926	14.5	217,859	9.8	83.0	49.1
学校教育費	45,831	15	45,846	—	45,846	137,359	26,866	—	18,990	1.9	137,359	11.0	156,350	7.0	87.9	58.6
社会教育費	2,844	180	3,024	—	3,020	12,986	725	—	2,296	0.2	12,986	1.0	15,282	0.7	85.0	24.0
その他	23,707	—	23,707	—	23,707	30,581	8,061	—	15,647	1.6	30,581	2.5	46,228	2.1	66.2	34.0
社会保障関係費	454,948	31,565	486,513	24,898	461,615	390,933	153,038	—	308,557	31.5	390,933	31.4	699,511	31.4	55.9	33.2
民生費	360,119	31,561	391,679	24,898	366,782	290,127	116,610	—	250,172	25.5	290,127	23.3	540,299	24.3	53.7	31.8
衛生費	63,495	5	63,500	—	63,500	91,202	34,124	—	29,377	3.0	91,202	7.3	120,579	5.4	75.6	53.7
住宅費	1,341	—	1,341	—	1,341	9,525	1,320	—	21	0.0	9,525	0.8	9,545	0.4	99.8	98.4
その他	29,992	—	29,992	—	29,992	79	983	—	29,009	3.0	79	0.0	29,088	1.3	0.3	3.3
恩給費	1,683	—	1,683	—	1,683	62	—	—	1,683	0.2	62	0.0	1,746	0.1	3.6	0.0
公債費	223,256	45	223,300	—	223,300	120,636	50	—	223,250	22.8	120,636	9.7	343,886	15.5	35.1	0.0
前年度繰上充用金	—	—	—	—	—	2	—	—	—	0.0	2	0.0	2	0.0	100.0	—
その他	4,400	8,554	12,955	165	12,790	—	—	—	12,790	1.3	—	—	12,790	0.6	—	0.0
合計	1,475,974	586,558	2,062,531	513,457	1,549,074	1,254,588	569,026	9,560	980,048	100.0	1,245,029	100.0	2,225,076	100.0	56.0	36.7

注）1．国の歳出総額は、一般会計と交付税及び譲与税配付金特別会計、エネルギー対策特別会計（エネルギー需給勘定のみ）、年金特別会計（子ども・子育て支援勘定のみ）、食料安定供給特別会計（国営土地改良事業勘定のみ）、自動車安全特別会計（空港整備勘定のみ）、東日本大震災復興特別会計の6特別会計との純計決算額である（国営土地改良事業特別会計の6特別会計を除く）の合計額を合むの）の合計額であり、地方の歳入額によっている。

2．「国から地方に対する支出」は、地方交付税、地方特例交付金、地方譲与税及び国庫支出金（交通安全対策特別交付金及び国有提供施設等所在市町村助成交付金を含む）の合計額であり、地方の歳入額となっている。

3．「地方から国に対する支出」は、地方財政法第17条の2の規定による地方公共団体の負担金（地方の歳出決算額中、国直轄事業負担金、国庫納付金）で、地方の歳出決算額によっている。

出所）総務省『地方財政白書』（令和4年度版）。

ここで，現在の日本の政府支出の状況を見ておくことにする。日本の政府支出（歳出）は国と地方団体（都道府県，市町村）の複合的な構造になっている。地方団体の財政は，一括りにして地方財政と称される。日本では，国の財政と地方財政の関わりが深く，特に国の歳出には地方団体への資金移転となる補助金が多く含まれている。2020年度の決算で，国と地方を通じた日本の財政支出の構成を示したのが**表2－1**である。2020年度の政府支出はコロナ対策の実施によって大きく膨らんでおり，国が一般会計と特別会計[6]を純計して155兆円，地方が125兆円である。これを単純合計すると280兆円を超えるが，地方交付税，地方譲与税，国庫支出金などの国から地方への支出を調整した純計ベースでは222兆円となっている。

　純計ベースの歳出では，国が98兆円，地方が125兆円で地方のほうが比率は大きい。また，国と地方を通じて最も大きな割合を占めているのが，31.4％の社会保障関係費である。次いで大きいのは公債費であり，歳出全体の20％を占める。それ以外では，教育費，一般行政等の機関費，国土保全および開発費がそれぞれ10％程度を占めている。ここでの区分は大きな括りでしか示されていないが，決算書を詳細に観察すれば税の使途が明らかになる。もちろん，個々の納税者が全ての決算情報を分析することは難しく，政府にはわかりやすい説明資料の提示が求められる。

◾ 政府支出の国際比較

　日本の政府支出の状況を客観的に捉えるために，OECDの統計を用いて国際比較を行ったのが**表2－2**である。政府支出の項目はOECDの分類に従っている。表では，各国の『国民経済計算』に基づいて，GDPに対する各項目の割合が示されている。また，政府支出のうち公債費は付加価値を構成しないものであるためGDPには含まれない。日本の社会保障は，表では保健・健康と社会保護にほぼ相当する。この2つの合計は日本では24％となっている。フランス，スウェーデンをはじめとするヨーロッパ諸国ではイギリスの

---

6)　特別会計とは，一般会計とは別に政府が設置する会計で，次のようなケースがある。①特定の事業，②特定の資金の運用，③特定の歳入を充てる事業を一般会計と区分して管理。2017年度は13の特別会計がある。

表2-2　各国の政府支出の機能別構成（対GDP比）

単位；%

国	一般行政サービス (genral public services)	国防 (defence)	治安・安全 (public order and safety)	経済対策 (economic affairs)	環境保全 (environment protection)	住宅・地域整備 (housing and community amenities)	保健・健康 (health)	文化・宗教 (recreation, culture and religion)	教育 (education)	社会保護 (social protection)	合計
日本 (2018)	3.79	0.94	1.24	3.69	1.14	0.66	7.66	0.39	3.30	16.13	38.95
アメリカ (2018)	5.72	3.21	1.99	3.35	0.00	0.47	9.29	0.28	5.94	7.53	37.77
イギリス (2019)	4.30	1.99	1.80	3.54	0.65	0.84	7.70	0.58	4.86	14.76	41.01
ドイツ (2019)	5.66	1.07	1.60	3.33	0.60	0.44	7.36	1.04	4.33	19.74	45.17
フランス (2019)	5.53	1.75	1.65	5.98	1.00	1.06	8.03	1.43	5.28	23.86	55.57
スウェーデン (2019)	6.90	1.23	1.31	4.41	0.49	0.68	7.00	1.29	6.93	19.04	49.30

出所）OECD, *National Accounts at a Glance*（Edition 2020）より作成。

22％を除いて日本より高く，アメリカでは17％と低い割合である。そして日本の特徴は教育分野の低さであり，3.3％にとどまっている。

2.4　公共財の特性

■　市場での取引きの難しさ

　税がどれだけの規模で必要となるかを決めるのは，政府に何を求めるのかを決めることと同じ意味である。各個人は，商店で物を買うあるいはサービスを受ける時には，その消費から自らが受け取る効用（満足度）と価格を考慮して購入するかどうかを決める。

　これに対して，公共財と税の関係は，各個人が支払いをするかどうかを決めるものではない。では，税を財源とする“公共財”は，自らが購入を決定する“民間財”（もしくは“私的財”）と比較するとどのような特性を備えているのであろうか。公共財としての最も大きな特長は，市場を通じた取引きや価格決定が困難ということである。

　典型的な公共財（サービス）として，国防や治山・治水といった国民の安全・安心を守るための事業を考える。つまり，国防や治山・治水を提供する

企業が供給曲線を提示した時に、その買い手となる国民が購入者として手を挙げるかどうかである。国全体あるいは地域全体を守るサービスを提供する企業があり、誰かが個人で購入すれば、全ての住民は守られる。しかし、国や地域全体の安全を確保するためには大きな経費が必要であり、また、誰か他の人が購入すれば、代金を支払わない人も全て守られるということであれば、よほどの資産家でなおかつ篤志家でなければ誰も買い手としての名乗りを上げることはない。

　このような、他の誰かが購入すれば代金を支払わなくてもその利益を享受することができる財・サービスに関しては、買い手の需要曲線が表明されず、市場での均衡を期待することはできない。しかしながら、安全のためのサービスは、社会生活の中で欠かすことはできない。公共財は社会生活において構成員が必要とするにもかかわらず、市場を通じた取引きや価格決定が難しい財・サービスである。

▢ 消費の競合性と排除原則

　衣服や飲食といった通常の民間財は、誰かが購入して消費（利用）していれば、他の人は消費することはできない。これを消費の競合性という。しかし、コンサートで音楽を聴いたり、映画鑑賞をする場合、会場が満席になるまでは、1人でも10人でも、同じ料金を支払う人のそれぞれの受益は同じであって、消費は競合しない。

　国防や治山・治水といった政府によって提供される公共財は、同時に複数の人が等しく受益する。したがって、公共財の特性の1つは消費の非競合性である。

　コンサート会場や映画館は、料金を支払わない人は参加することはできない。この点は代金を支払わなければ消費することができない衣服や飲食の民間財と同じである。このような代金を支払わない人がその便益の享受から排除されることを排除原則と言う。

　これに対して、税を財源として政府によって提供される国防や治山・治水といった安全に関わるようなサービスは、その代金を支払わない人であっても、つまり税負担とは無関係に広くその便益が及ぶ。このように、公共財の

2つ目の特性は排除原則を適用することができないことである。多くの一般
の道路や公園は技術的には料金を設定して支払のない人を排除することはで
きるかも知れないが，そのためには，料金所の設置やそれをすり抜けること
を防止するための設備整備や監視などが必要となり，かえって大きな費用が
かかることになる。

公共財と民間財の需要曲線

　需要曲線と供給曲線が交わる点が社会的余剰が最大になるという意味で効
率的な解となることを踏まえて，民間財と公共財の違いを図を用いて説明す
ると以下のようになる。民間財と公共財の違いはそれぞれの需要曲線の特性
に表される。**図2－3**は，両者を比較したものである。簡単化のために供給
曲線は水平とする。左側が民間財で，社会はAとBの2人で構成されており，
それぞれの需要曲線がD_AとD_Bで示されるものとする。

　民間財は，消費が競合し排除原則が適用されるため，購入者のみの受益と
なる。ある価格でAが10個，Bが20個それぞれに需要するのであれば，供給
者から見れば，その価格で30個の需要があるということになる。つまり，供
給者が直面する社会全体の需要曲線は，各個人の需要曲線を横に（水平に）
加えていったものとなる。図2－3では，点Eで均衡し，その価格の下での
それぞれの需要量を購入する。図2－3では，点Eにおいて社会全体でoqが

図2－3 民間財と公共財の需要曲線

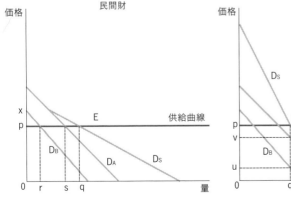
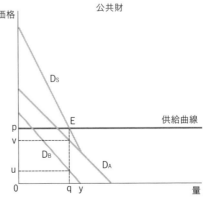

消費され，そのうちosをA，sq（＝or）をBが消費することになる。

　右側の公共財の場合も，AとBそれぞれが需要曲線を持つものとする。公共財は消費が競合しないことから，Aの需要とBの需要に対して，それぞれ対応する公共財を用意する必要はない。たとえば1つの公園は，AにとってもBにとっても1つの公園である。

　需要曲線は，価格に対する需要量を示すものであると同時に，消費する量に対して支払ってもよいと考える価格でもある。供給者の側から見れば，同じ量の公共財を提供する時に支払われる価格は，AとBがそれぞれ支払ってもよいと考える価格の合計になる。つまり，供給者が直面する公共財に対する需要曲線は，AとBの需要曲線を縦に（垂直に）加えたものである。図2－3の均衡点である点Eで価格が決まり，AとBそれぞれがその量に対して支払ってもよいと考える価格を負担することになる。ただし，公共財の場合にはAが需要があることを表明しなければ，社会の需要曲線はBの需要曲線となる。この時，供給曲線と需要曲線の交わる均衡点で量と価格が決定され，支払うのはBだけということになる。しかし，公共財は代金を支払わない人をその消費から排除することはできない。言い換えると，Bは需要曲線を表明しなくても，Aの需要曲線と供給曲線の交点までの量の公共財を享受するフリーライダー（ただ乗り）となる可能性がある。

純粋公共財と準公共財

　消費が競合しないことと排除原則を適用することができないことは公共財の特性であり，言い換えると，税を財源として政府が提供する財・サービスはこの2つの特性を備えたものということになる。そして，ほとんど全ての人にとって有用で，なおかつ，この2つの特性を備えた財・サービスを純粋公共財と言う。

　ただし，国もしくは地域全体の生活を安定的に維持し，安全や安心に関わるような社会的な基盤となる財・サービスは，実際にはそれほど多くの種類があるわけではない。アダム・スミスによる「夜警国家」とも言われる政府の役割はこの考え方に焦点を当てたものになっており，そのため「小さな政府」の主張の基礎となる。

実際には，各国とも政府支出はGDPの4割から5割に達しており，経済発展と社会の成熟とともに大きくなってきた。それはつまり，社会の安全やその維持の内容が複雑化してコストが拡大してきたことに加え，政府が税を財源として提供する財・サービスの社会が認める範囲が広がってきたことの結果である。純粋公共財に加えて，さまざまな根拠で政府支出とする正当化が行われる。それが，準公共財と呼ばれるものである。

　消費の競合性があり，排除原則が適用される財であっても，税を用いて政府が供給するケースに用いられる考え方が"外部性"の概念である。外部性とは，本来は，消費者自身の効用となる消費によって，他の人もメリットを受けることである。たとえば伝染病に対する予防接種は，消費は競合し，代金を支払わない人を排除することもできる。しかし，各個人が予防接種を受けることで，社会からその疾病がなくなるならば，それは社会全体にとって有益である。

　民間財の性格を持つ財を政府支出で提供するケースを説明する際，"価値財"（merit goods）の概念を用いることもある。価値財とは，本人の意思とは無関係に，社会がその消費や利用に価値があるものと評価して，税を財源として提供するものである。飲食は明らかな民間財である。しかし，たとえば全ての子供たちに一定の栄養価のものを食べさせることが必要である，と社会（大人）が判断すれば，それを税を財源とする政府支出で実現することが正当化される。価値財の説明には"パターナリズム"という言葉も用いられる。パターナリズムは"温情主義"とも訳されるが，消費する当事者（上記の場合は子供）の選好とは無関係に，一定の干渉をして消費を促進することである。逆に，消費を抑制することが望ましいと判断される財，つまり"負の価値財"（merit bads）という概念もあり，酒やたばこに対する重課はこれに基づいて説明することもできる。

社会保障と公共財

　近年の日本の政府支出の伸びは，社会保障による部分が大きい。社会保障は，財政の機能のうち所得再分配機能を果たすものである。社会保障は大きく，年金，医療，介護，保育，そして生活扶助に分けられ，2021年度予算

ベースでは給付費が130兆円に達している。

　日本の社会保障では，社会保険が重要な役割を果たしており，年金，医療，介護，雇用（失業），労災5つの制度がある。そして，給付の財源には社会保険の保険料とともに税を財源とする公費が充当される。なお，社会保険は基本的には全ての国民がその制度の対象となり，一定の条件を充たす国民は社会保険料を納付する義務がある。雇用者の場合は，社会保険料を被用者と雇用主である事業所が折半して負担することになっている。

　厚生労働省の資料によると，2021年度予算に基づく社会保障給付費の総額は129.6兆円で，そのうち51.3兆円が税を財源としている。年金に関しては基礎年金の2分の1は公費（税）負担と定められており，また医療，介護についても主として高齢者医療を中心に公費が投入されている。このほか，児童手当の公費分や生活扶助給付はその制度上，保険料収入ではなく公費による給付が行われている（**図2−4**）。

　年金であれ，医療であれ，また生活扶助の給付もいずれも受給者は個人であり，皆が等しく受益するものではない。しかしながら表2−1（21頁）で

図2−4　**社会保障の給付と負担の現状（2021年度予算ベース）**

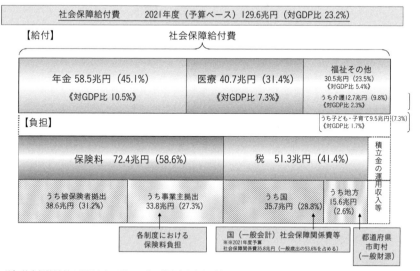

注）社会保障給付の財源としてはこの他に資産収入などがある。
出所）厚生労働省HP（https://www.mhlw.go.jp/content/000799946.pdf）。

も示されたように，国，地方を通じて約70兆円（2020年度）の社会保障関係費があり政府支出の中で31.4％と最大の割合を占める。

　日本の社会保障は社会保険をその柱としており，財源にも社会保険料が充てられている。それでも社会保険制度の中での給付の財源として税が大きな役割を果たしている。ここでは，いくつか考えられる根拠を示してみたい。

　まず，年金，医療，介護，雇用（失業），労災の各社会保険制度は社会の基盤としての意義があり，その維持管理は公共財としての位置づけができる。また，給付についても税が投入されてきたことについては，以下のような根拠が示されている[7]。

「①　保険制度間の財政力格差等を調整するため。とりわけ低所得者・高齢者が多く財政力の弱い地域保険に手厚く税財源を投入してきた。全国民に社会保険方式の制度に加入義務を負わせる皆保険制度を維持するためには，加入する保険制度にかかわらずなるたけ公平な給付を行うことが望ましかった。

②　保険制度内の低所得者の保険料負担を軽減するため。税財源を投入することで保険料水準を引き下げてきた。皆保険制度の維持のためには，低所得者でも負担できる水準に保険料を抑える必要があった。

③　負担の賦課ベースを広げるため。保険料は所得比例又は定額による負担賦課（国民健康保険の場合はその組合せ）であるので課税ベースが狭い（特に定額の国民年金の場合は逆進性が強い）ため，それを緩和するため課税ベースの広い税財源を投入してきた。」

　①と②は，保険者が複数存在し，その加入者の構造や経済状況の面で違いがある場合に，財政基盤の弱い保険制度の財源保障や低所得者の保険料水準に関する配慮が必要とされたことを表している。また③は，保険料を算定するベースと税の課税ベースの違いをその根拠とするものである。

　消費税を社会保障財源とすることが消費税法の中でも明記され，税率引上げの際には社会保障の充実と切り離した議論はできなくなっている。日本と比較して社会福祉が充実していると考えられている北欧諸国をはじめとする

---

7)　厚生労働省［2002年7月］『「社会保障負担等の在り方に関する研究会」報告書』（https://www.mhlw.go.jp/houdou/2002/07/h0725-2.html）。

ヨーロッパ諸国の付加価値税は日本の消費税よりももっと高い税率で課税されている。社会保障整備に消費税の引上げが必要であるとしても，その税率には一定の限度がある。そのうえで，どこまでの社会保障給付が可能か，社会保障制度そのもののあり方についても検討が急がれる。

2.5　財政健全化

■　公債残高の累増

　日本の財政は長期にわたって税による財源で賄うことはできておらず，公債残高の増加が続いている。

　先にも述べたように，国の財政運営を規定する財政法では，第4条1項で「国の歳出は原則として国債又は借入金以外の歳入をもって賄うこと」と規定している。つまり，均衡予算を原則としているのであるが，同じ第4条のただし書きでは，「公共事業費，出資金及び貸付金」の財源調達のための国債発行を認めている。社会資本整備のための公共事業は，その受益が長期間に及ぶものであり，財源を単年度の税収だけでなく受益の発生する期間を通じて負担を求めることが望ましい。また，出資や貸付は将来的に元金が戻ることが予定される。そのために発行される国債を「建設国債」もしくは財政法第4条で認められた「4条国債」と呼ぶ。これに対して，建設国債を発行してもなお財源が不足する場合には，毎年度特例的に国債発行を可能にする法律を設けて国債を発行する。この国債が「赤字国債」もしくは「特例公債」と呼ばれる。

　図2-5は，1965年度からの公債（国債）残高の推移を示したものである。図からは，1990年代に建設国債（4条国債）が伸び，2000年代に入ってからは赤字国債（特例公債）が急速に増加していることがわかる。公債は国だけでなく地方団体も地方債（都道府県債もしくは市町村債）を発行する。地方団体も国と同様に均衡予算が原則となっており，受益が長期にわたる公共事業等の財源とするための地方債の発行のみが認められている。しかし，これも国と同様に特例的に赤字地方債を発行している。

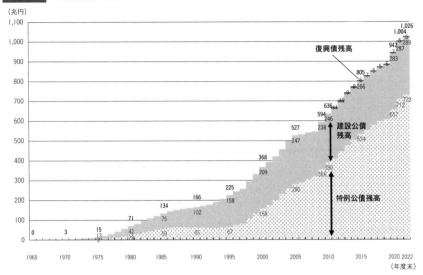

注) 1.2020年度末までは実績,2021年度末は補正後予算,2022年度末は予算に基づく見込み。
2.普通国債残高は,建設公債残高,特例公債残高及び復興債残高。特例公債残高は,国鉄長期債務,国有林野累積債務等の一般会計承継による借換債,臨時特別公債,減税特別公債及び年金特例公債を含む。
3.2022年度末の翌年度借換のための前倒債限度額を除いた見込額は1,006兆円程度。

表2−3は,国と地方の長期債務の合計額を示したものである。2016年度末に1,000兆円を超え,2022年度末にはGDPのほぼ2倍の1,244兆円に達する。

表 2 − 3　国及び地方の長期債務残高

（単位：兆円程度）

	（1998年度末） ＜実　績＞	（2003年度末） ＜実　績＞	（2008年度末） ＜実　績＞	（2020年度末） ＜実　績＞	（2021年度末） ＜国：補正後予算， 地方：見込み＞	（2022年度末） ＜予　算＞
国	390	493	573 (568)	973 (964)	1,030 (1,010)	1,055 (1,035)
普通国債残高	295	457	546 (541)	947 (937)	1,004 (984)	1,026 (1006)
対GDP比	55％	87％	106％ (105％)	177％ (175％)	184％ (181％)	182％ (178％)
地　方	163	198	197	192	193	189
対GDP比	30％	38％	38％	36％	35％	34％
国・地方合計	553	692	770 (765)	1,165 (1,156)	1,223 (1,203)	1,244 (1,224)
対GDP比	103％	131％	149％ (148％)	218％ (216％)	224％ (221％)	220％ (217％)

注）1．GDPは，2020年度までは実績値，2021年度及び2022年度は政府経済見通しによる。
　　2．東日本大震災からの復興のために実施する施策に必要な財源として発行される復興債及び，基礎年金国
　　　庫負担2分の1を実現する財源を調達するための年金特例公債を普通国債残高に含めている。
　　3．2020年度末までの（　）内の値は翌年度借換のための前倒債発行額を除いた計数。2021，22年度末の
　　　（　）内の値は，翌年度借換のための前倒債限度額を除いた計数。
　　4．交付税及び譲与税配付金特別会計の借入金については，その償還の負担分に応じて，国と地方に分割し
　　　て計上している。なお，2007年度初をもってそれまでの国負担分借入金残高の全額を一般会計に承継
　　　したため，2007年度末以降の同特会の借入金残高は全額地方負担分（2022年度末で30兆円程度）である。
　　5．2021年度以降は，地方は地方債計画等に基づく見込み。
　　6．このほか，2022年度末の財政投融資特別会計国債残高は113兆円程度。
出所）財務省「財政関係基礎データ（平成30年4月）」（https://www.mof.go.jp/budget/fiscal_condition/basic_
　　　data/202204/sy202204g.pdf）。

■ プライマリーバランス

　2000年代に入り，日本では財政の収支状況の指標としてプライマリーバランス（基礎的財政収支）が注目されるようになる。2010年に，政府は2020年度までのプライマリーバランスの黒字化を目標に掲げるが，2018年に，2025年度へと目標年次を先送りする。プライマリーバランスとは，公債費（償還費および利払費）を除く政府支出を税収によって賄えているかどうかを示す収支である。この収支の状況と経済成長の関係によって，GDPに対する公債残高の比率が影響を受けることになる。GDP（G）に対する公債残高（D）の比率は$D／G$で表され，2022年度末で220％と見込まれている。この値は先進国の中では突出している。安定的な経済，財政運営を維持するためには，$D／G$が上昇していかないことが条件である。

図 2 − 6 (1) プライマリーバランス（基礎的財政収支）　収支均衡のケース

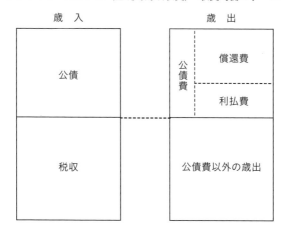

　図 2 − 6 (1) は，プライマリーバランスの収支が均衡しているケースである。この状況では償還と利払いに要する資金を公債発行によって賄っていることになる。償還分はいわゆる借換であり公債残高は増加しない。しかし，利払い分については新たに公債が発行されることになる。つまり，プライマリーバランスが均衡している状況では，[公債残高×利子率]の金額ずつ年度末の公債残高は増加する。つまり，利子率を r とすると，当該年（n年）末の $D_n ／ G_n$ は次式で示される。

$$\frac{D_n}{G_n} = \frac{D_{n-1} \times (1+r)}{G_n}$$

　この時，当該年のGDPが前年と同じ水準であれば $D ／ G$ の値は上昇することになる。したがって，$D ／ G$ が上昇しないための条件は，GDPが前年比で利子率 r 以上の比率で拡大することである。

　図 2 − 6 (2) はプライマリーバランスが赤字になっている状況を示している。この場合は，新たに発行される公債は利払費相当分に公債費以外の歳出に対する税収の不足分を補塡するための発行分が加わることになり，公債残高は利子率以上の割合で増加する。そしてこの場合も，GDPがこの増加率よりも高い比率で成長すれば，$D ／ G$ の値は上昇しない。

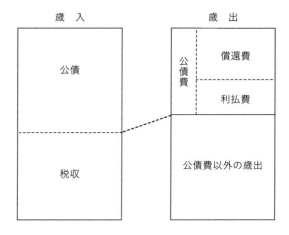

図 2 - 6 (2)　プライマリーバランス（基礎的財政収支）　赤字のケース

歳　入　　　　　　　　　　歳　出

公債

税収

公債費

償還費

利払費

公債費以外の歳出

　近年は公債発行の利回りは非常に低く，10年国債（応募者利回り）は2011年で１％前後, 2016年頃からは0.1％を下回る。2022年に入って0.2％台になっているが，それでも過去と比較して低い状況が続いている。プライマリーバランスが均衡している時，GDPの名目成長率がこの利回りを超えればD/Gの値は低下する結果になる。ただし，この金利は新規発行に関するものであり，将来にわたって同じように低い水準が継続するとは限らない。

　2022年現在，政府の目標は2025年度までのプライマリーバランスの黒字化である。ただし，プライマリーバランスが均衡しているということは，新たな社会資本整備やあるいは施設の更新に必要な財源も公債によって調達することはできずその年の税収で賄うということである。

　プライマリーバランスの改善を政府支出の縮小で達成するという方向性も考えられる。しかしながら，先述の通り，各国とも政府支出はGDPの中で大きな割合を占めている。したがって政府支出の圧縮は，GDPの減少に直結する。かつての高度成長期のように，社会全体の物質的な豊かさが拡大し，GDPが実質的にも名目的にも成長していく時期であれば，政府支出の増減がGDPの変動に及ぼす影響も相対的に小さなものであったが，現在の低成長下では政府支出の動向が経済変動に直結する。逆に，公債発行によって政府支出を行うことはGDPの拡大をもたらす。

財政健全化を巡っては時として"経済が大切か，財政が大切か"という二者択一のような議論もなされる。しかし実際には，どちらかを選択して考えるというよりも，GDPの推移と公債残高の変化の両方を見ながら財政運営を進めていくしかない。政府が直接コントロールすることができるのは，GDPの構成要素である歳出の規模と歳入構造であり，多面的なシミュレーション等に基づく方向付けが必要と言える。また，プライマリーバランスの改善には，歳入面，特に税収をいかに確保するかが大きな意味を持つ。

第3章 望ましい税とは

この章では，税制の構築や改革において基準となる租税原則について論じる。アダム・スミスの4原則やワグナーの9原則，またマスグレイブをはじめとする多くの財政学者が望ましい税の条件を示してきたが，今日の日本では，租税原則は，「公平」「中立」「簡素」の3つであるとされている。以下では，それぞれの原則について説明する。

3.1 租税原則

社会の構成員に税負担を求めるときに，それぞれの負担の大きさを決定し，どのように徴収するかを決めるのが税制である。とりわけ，国民（市民）の間でどのように負担を配分するかは全ての納税者にとって大きな関心事である。課税権を持つのは，国および地方の政府（公共団体）のみであり，法律に基づいて税制が設計される。全ての税は法律に基づいて実施，運用しなければならず，このことを租税法律主義と言う。

税は，違法に課税を逃れた場合には罰則が科されるというように，納税者にとってはきわめて強制力の強い公的負担である。このような税制は，多くの国民にとって納得のいく仕組みでなければならない。そしてそのための基準となるのが租税原則である。望ましい税のあり方を示す原則には，古くはアダム・スミス以来，今日までにいくつかの原則が示されてきた。望ましい税制の条件としては，税負担を負う納税者側，徴収を行う課税庁側のいずれの立場から考えるのか，また，社会経済にとっての望ましさを考えるのかといった視点がある。個々の経済主体にとっての望ましさと社会全体のそれとが一致していればこの視点は必要ではないかも知れないが，実際には相反す

るケースも多い。

　以下ではまず，伝統的な租税原則であるアダム・スミス（18世紀，イギリス），アドルフ・ワグナー（19世紀，ドイツ），R. A. マスグレイブ（20世紀，アメリカ）の租税原則を取り上げる[1]。

3.2　アダム・スミス，ワグナー，マスグレイブの租税原則

■　アダム・スミスの4原則

アダム・スミスの唱えた租税の4原則は以下の通りである。
- ①　公平性
- ②　明確性
- ③　便宜性
- ④　最小徴税費

　①の公平性は現代の公平性にも通じるものである。アダム・スミスの時代（18世紀）の所得（収入）は現代とは異なり，地代や利潤などの地主や資産家の収入であるが，それを納税者の能力とみなして比例的に課税するべきというものである。いずれにしても，公平性の原則は納税者が納得しうる負担配分を求めるということにつながる。

　②の明確性は，税額が恣意的に決められるのではなく，税の金額や支払方法は納税者に対して明確に示されなければならないことを示している。

　③と④については，納税および徴税に要するコストを低く抑えることが求められる。

■　ワグナーの9原則

　I　財政政策上の原則
　　①　課税の十分性

---

1)　アダム・スミスとアドルフ・ワグナーの租税原則については，大川政三・小林　威編著［1983］『財政学を築いた人々』（ぎょうせい）を参照。

②　課税の可動性

Ⅱ　国民経済上の原則

③　正しい税源の選択

④　正しい税種の選択

Ⅲ　公平の原則

⑤　課税の普遍性

⑥　課税の平等性

Ⅳ　税務行政上の原則

⑦　課税の明確性

⑧　課税の便宜性

⑨　最小徴税費

　Ⅰの原則は，財政運営上の要請に応えられる税制を必要とするということで，可動性とは，公的な収入不足が生じた際には増税や自然増によって対応が可能な税制が望ましいということである。Ⅱの原則として，税源としては国民所得を基本とすること，税種としては当初から負担が帰着する者に課税する方式が望ましいとした。Ⅲの公平性については，普遍的な税制が望ましいとしながら，社会的には低所得者への配慮や累進課税が望ましいとする。そして税務行政については，アダム・スミスと同様に重視する。

■ マスグレイブの6条件[2]

①　税負担の配分は公平でなければならない（公平性）。

②　効率的な市場における経済上の決定に対する干渉をできるだけ小さくする税を選ばなければならない（中立性）。

③　投資意欲を促すといった目的のために租税政策が用いられるとき，できるだけ税負担の公平に対して干渉が加わらないようにするべき。

④　税構造は，安定と成長の目的のための財政政策の適用が容易になるものであるべき。

2)　マスグレイブ著，木下和夫監，大阪大学財政研究会訳［1983］『マスグレイブ財政学』（有斐閣）参照。

⑤　税体系は公正かつ非恣意的な税務行政を可能にし，納税者に理解されるものでなければならない。

⑥　徴税側および納税者側の負担する費用は，他の目的と両立する範囲で，できるだけ低くしなければならない。

　マスグレイブは，公平性や簡素性といった従来からの租税原則に加えて，経済活動に対する中立性や経済安定や成長を目的とした財政政策といった，今日の経済的な課題にも直接的に言及している。

3.3　公平性について

🔲　公平とはバランス

　ほとんどの納税者にとって最大の関心は自らの税負担である。そして次の関心は，他者の税負担との相対的な関係である。自らの税負担と他者の税との関係に納得がいかない時には，納税者の不満は非常に大きくなる。

　納税者の納得という観点からは，公平の原則は非常に重要である。公平という言葉は，古い文献では"衡平"という字が用いられていた。そして"衡"は，「はかり」また「つり合い」という意味で，税制においては納税者間での負担のつり合い，つまりバランスのことである。

　納税者にとって，税制が公平性を達成しているかどうかは重要な関心事であり，同時に公平が充たされていないと考える時，非常に大きな不満を引き起こす。しかしながら，この公平の考え方は全ての納税者が共通して持っているわけではなく，その定義は難しい。

　"難しい"とするのは，公平に関する基準には多様性があるためである。公平は，公正と言われることもあり，英語では，equityの他にfairやjusticeという単語が用いられることもある。

　スポーツでは，フェアプレーの重要性が説かれる。不正をしない，反則をしないということであるが，たとえばボクシングやレスリングは厳密に体重をチェックして同じ位の体格の選手同士で試合をすることが求められる。こ

れに対して，日本の相撲は大きな体重差があっても同じ土俵で戦う。また，陸上競技は，身長や体重とは無関係にタイムや距離のみを競う。このように，フェアであることの条件は一律ではない。

税負担の公平性についても，どの基準を依り処にするかによって，またそれぞれの納税者の立場や，社会あるいは公共に対する考え方によって多様性が生まれる。

■ 数値例で考える公平な税制

ここで，４人（もしくは４つのグループ）で構成される社会全体で公共財の供給を決定し，その費用の負担配分を決める税制はどのような仕組みが望ましいとされるのかについて，数値例を用いて考えてみる。皆が等しく受益する公共財の費用が10,000であるとし，その財源を調達する税制を設計するのである。

社会の構成員が４人（A，B，C，D）であることだけを示せば，多くの人が2,500ずつ配分と答えるはずである。この時点では，４人の属性は示されていない。属性といっても各人の身長や体重が関係するはずもなく，税として個人の資産の一部を支払うわけであるから何らかの経済力を示す属性が必要である。今，個人の経済的な属性として所得を用いると，A～Dの４人の所得が等しければ，先と同様に2,500ずつが選ばれる。しかしながら，所得に差が生じている場合にはいくつかの選択肢が考えられる。そこで，４人の所得がそれぞれ次の水準であるとする。

A 40,000　B 25,000　C 25,000　D 10,000

大学の講義等でこの条件で税負担を考えてもらうと，次のようないくつかの案が出される。

	①	②	③	④	⑤
A	2,500	4,000	4,500	5,000	10,000
B	2,500	2,500	2,500	2,500	0
C	2,500	2,500	2,500	2,500	0
D	2,500	1,000	500	0	0

所得に対する負担率は，それぞれ以下の通りになる。

	①		②		③		④		⑤
A	6.25%	A	10%	A	11.25%	A	12.5%	A	25%
B	10%	B	10%	B	10%	B	10%	B	0%
C	10%	C	10%	C	10%	C	10%	C	0%
D	25%	D	10%	D	5%	D	0%	D	0%

①は同額，②は同率（10%），③，④，⑤は高所得者ほど負担率が高くなっている。各個人が自らの税負担のみに関心を持ち，少なければ良いと考えるならば，Aは①を，そして，BとCは⑤を，そして，Dは④か⑤を選ぶ。

◻ 利益説と義務説

負担配分の公平性はどれか1つの考え方が一義的に正しいということはなく，それぞれに基準や根拠がある。まず，社会の中で課税の根拠をどのように捉えるかについては，"利益説"と"義務説"とがある。

公共サービスからの利益を受けていることを課税の根拠とするならば，その負担配分は受益の大きさを基準にすることに合理性がある。受益の大きさを基準に負担配分を求める考え方が"応益原則"である。先の数値例では，「皆が等しく受益する」ことを前提としていた。したがって，応益原則に基づけば全員が同額の税を負担する①の税制が公平ということになる。

課税の根拠として義務説の立場を取るならば，各人の税負担の大きさは，それぞれの公共サービスの利用からの受益の大小とは無関係に決定される。そしてその場合の負担配分は，社会の構成員の税を支払う能力の大きさに基づいて行うことが合理的と考えられる。現代の税は金銭によって税を支払う能力，つまり担税力はそれぞれの経済力で測ることができる。経済力を示す基準には，所得，消費といったフローの指標と，ストックの指標である資産とがある。

社会の構成員として税負担を各人の担税力に応じて決定する考え方を"応能原則"と言う。今日，税負担配分に関するさまざまな分析が行われているが，その場合の基準は一般的に所得が用いられている。この点からも明らか

なように，担税力を表す指標として所得を利用することは，多くの人の合意を得やすい考え方である。先の数値例では，②〜⑤の税制はいずれも所得が高くなるほど税負担が大きくなっているという意味で応能原則に従った税制ということになる。応益原則に基づく公平では「等しい担税力の者は等しい税負担を負う」とする水平的公平と，「異なる担税力の者は異なる税負担を負う」とする垂直的公平が求められる。

水平的公平と垂直的公平

先の例ではいずれのケースでもBとCは同じ額の負担となっており両者の間では水平的公平は実現されている。また，所得が高いほど税負担が大きくなる垂直的公平も充たされている。そして②〜⑤ではAが最も税額が大きく，所得が高いほど税負担が大きくなる垂直的公平も充たされている。

図3−1は，所得に対応した税負担率の構造を示したものである。先の数値例では，①の税制は，所得が高くなるほど負担率が下がる逆進的な負担構造になっている。②は比例的，そして③〜⑤は所得が高いほど負担率が高くなる累進的な負担構造である。また，④は所得が10,000まで税額が0，つまり課税最低限が10,000の所得税制，同様に⑤は25,000まで税額が0，課税最低限が25,000の所得税制である。

図3−1 税負担率の構造

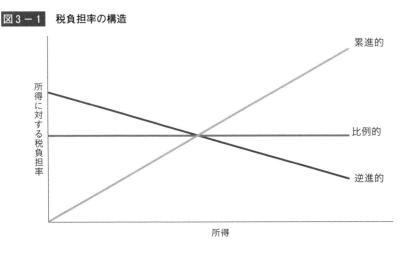

いずれも垂直的公平の条件を充たしている②〜⑤の税制のうち，どの税制が望ましいのであろうか。上述のように，納税者それぞれが個人の利害のみを考えれば多数決で決定することになるが，社会全体として考えればまた別の答えが導き出されるかも知れない。担税力が高いほど大きな税負担を求める垂直的公平の考え方は，所得から得られる効用（満足度）は，所得が高くなるほど増加するが，所得が1単位上昇した時に増える効用，つまり限界効用は次第に小さくなる（限界効用逓減）ことを用いて合理性を説明することができる。これは，課税によって失う効用を基準にして税負担を決める均等犠牲説と呼ばれる考え方である。ただし，この垂直的公平は必ずしも次に述べる累進課税を意味するものではないことには留意が必要である。

　今日の社会では，多くの国で「高所得者ほど負担率が高くなる」累進的な所得税が採用されており，その現状からは累進的な税負担配分は合理的なものと理解されているということである。とはいえ，どの程度の累進性が望ましいのかということについては，非常に判断が難しい。先の数値例でも，多数決では，最も高所得のAにできるだけ大きな負担を求め，それ以外の人の税負担が生じない⑤の税制が選ばれる可能性がある。しかし，全員が受益する公共サービスの費用を一部の人のみが負担する税制では，さらに高い質と大きな量の公共サービスが要求されるかも知れず，そうなれば公共支出は肥大化する。ややもすると，「自らは負担せず，他人が支払う税は良い税」ということになってしまう。その意味では，金額の多寡はあっても，多くの納税者が負担を分け合う公平性を考えなければならない。

　一方，④や⑤の税制では課税最低限が設定されているが，その設定には，社会における自立した生活を営むのに必要な所得水準との関連も考慮する必要があり，これも税制の公平性を評価する1つの要素になる。

　応能原則による公平について，ここまでは，能力つまり担税力を所得で測ることを前提に述べてきた。経済力を測る指標には消費と資産があり，消費税は消費額を，固定資産税は保有する不動産等，そして相続税は移転される資産を課税ベースとする税である。現在の日本では実施されていないが，富裕税（net wealth tax）のように，保有する純資産全てを課税ベースとして負担を求めることも考えられる。

このように課税ベースとしての経済力の指標にはいくつかの選択肢があるが，先にも述べたように，結果として生じる負担配分に関する評価は所得を基準にされることが多く，応能原則の検証の基準に所得を用いることについては共通の理解が得られよう。

▣　均等犠牲

　所得（担税力）が高いほど多くの税負担を求める垂直的公平を根拠づけ，そのあり方を考える助けとなるのが均等犠牲説である。これは，各個人の所得（消費）と，それから得られる効用水準の関係に着目した考え方である。所得の増加から得られる追加的な効用（限界効用）は所得が高くなるほど逓減する。均等犠牲の考え方はこの経済学の基本的な原則に基づいている。

　図3－2は，所得の高いXと所得の低いYの2人の所得に対する限界効用曲線を示したものであり，その曲線は右下がりの形状をとる。課税がなければ，Xは限界効用曲線と横軸aの間の面積の総効用Uxを得る。同様に，Yは横軸のbまで，限界効用曲線の下の面積の総効用Uyを得る。所得に対して課税されることでXとYはそれぞれの効用の一部を犠牲にする。そして，その犠牲をどのようにXとYに分割して求めるのかについて，3つの考え方がある。図では，Xが負担する税がac，Yが負担する税がbdで表されており，課税によってXが犠牲にする効用はacge，Yのそれはbdhfである。

図3－2　所得の限界効用

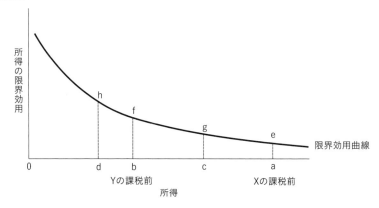

①均等絶対犠牲

　均等絶対犠牲は，XとYそれぞれに失う効用の絶対的な大きさが等しくなるように税負担を配分することでacge＝bdhfとなる。この時それぞれの税額は，ac＞bdとなり，所得の高いXのほうが税負担は大きくなる。効用のうち課税によって犠牲となる部分の割合は，Xがacge／Ux，Yがbdhf／Uyとなるが，両方の分子は同じであるから，この比率はXよりもYのほうが高くなる。

②均等比例犠牲

　均等比例犠牲は，課税によって犠牲となる効用の割合を等しくする考え方である。つまり，acge／Ux＝bdhf／Uyとなり，①の均等絶対犠牲のケースと比べればXの税負担が増加，Yの税負担が減少することになる。

③均等限界犠牲

　均等限界犠牲は，課税後所得の限界効用が等しくなるように税負担を配分する考え方である。この課税の下では，課税後の限界効用が等しくなるまでXに課税し続けることになる。等しくなった後は税負担はXとYに同額ずつ課税されることになり，課税後の所得は等しくなる。XとYを合計した社会全体の総効用が課税によってどれだけ失われるか，つまり総犠牲は①，②よりも小さくなるが，高所得者にとっては最もきつい累進的な税制となる。

3.4　中立性の原則

■　勤労意欲と税収

　多くの国と地域で拠り処となっている資本主義経済では，市場の働きが重視される。そして市場で決定される経済活動が，社会全体の厚生水準（社会的厚生）を最大化させることにつながる。一方，税は民間の経済活動からその成果の一部を徴収するものであるから，経済活動に対しては何らかのくさびを打ち込むことになる。租税原則における「中立性の原則」とは，税はできる限り経済活動に対して影響を及ぼさない，つまり中立的であることを求めるものである。税による経済活動への影響にはさまざまな形が考えられる。

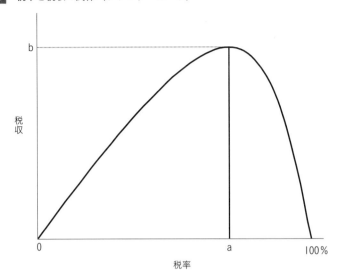

第1は勤労意欲に対する影響である。労働時間を増やして所得を獲得して
も，その所得に対して高率で所得税が課されるならば，労働時間を増やすこ
と自体をやめてしまうかも知れない。最も極端なケースでは，所得税の税率
が100％であれば，誰も働かなくなるだろう。このことを税率と税収との関
係で示した"ラッファーカーブ"が，1980年代のアメリカの税制改革の議論
の中で注目される（**図3－3**）。税率が0のときと100％の時は税収が0であ
ることは当然であり，どこかのポイントaで税収が最大化する。もし，現実
の税制の税率がaよりも右側に位置しているのであれば，税率を引き下げる
ことでかえって税収は増加する。

■ 経済活動における選択

第2は，消費や投資，生産といった経済活動における選択に対する歪みで
ある。たとえば，AとBという2種類の消費財からの選択において，Aのみ
に課税が行われれば，Aの消費からBの消費へとシフトが生じる。また，生
産においてもBの生産が拡大する可能性がある。この動きは，結果的に市場
で決まる資源配分に対して税が影響を及ぼしたということである。

第1で示した勤労意欲への影響も，各個人の限られた時間を労働と余暇に
どのように配分するのか，に対する課税の効果である。また，経済活動にお
ける選択は，このような同じ時点におけるものだけではなく，利子，配当な
どの金融所得を考慮すれば，現在消費と将来消費の選択に対する歪みも生じ
させる。経済活動に関する中立性を保つ税は，経済活動によって税負担が変
化しない，つまり定額の税である。しかしながら，3.1の公平性について
の検討の中で見たように，定額の税は負担配分が逆進的になる。また，現在
の日本の税収（国と地方）である約100兆円を1人当たり同額の税で集めよ
うとするならば，1人当たり約80万円，4人世帯では300万円を超える。多
くの納税者にとってこの税を負担した後の手取り所得で生活することは難し
く，税を支払うためにもっと働くということが起きない限り，税負担には耐
えられない。その意味では，中立性の観点からは，社会の構成員の経済力と
の相対的な関係を考慮する必要がある。

　近年の経済のグローバル化の中で，企業や資本の国際的な移動に対する税
の影響も考慮しなければならない。特に法人に対する課税は，その本社の立
地に影響を及ぼし，租税回避行動を通じて国際的な資本移動を引き起こす。
いわゆる"租税競争"は，あえて国際的な税の中立性を犠牲にして資本を呼
び込む行動である。税制はそれぞれの国の法律に基づいて決定されるもので
あり，その国家の主権は守られる。ただし，一方でOECDのような国際機関
では，国際的な租税回避に関するルール作りを進めている[3]。

　国際的な経済活動に関する税の中立性という観点からは，日本の消費税や
ヨーロッパの付加価値税のような間接税は，原産国では課税せず消費される
国の税制を適用する仕向地原則が採用されている。これによって，原産国の
税による国際的な競争への影響は排除される。一方，同じ税収を法人税で調
達する場合には，課税ベースとなる法人所得は国内で得たものか輸出による
ものかに関わりなく課税されるため，付加価値税よりも不利になるという指
摘もある[4]。

---

3)　OECDによるBEPS（Base Erosion and Profit Shifting）プロジェクト。
4)　2018年にアメリカのトランプ大統領の法人税改革での主張。

■ なぜ市場での決定が望ましいのか

経済活動が行われる市場では，売り手は価格に対応した供給量（供給曲線）を提示し，買い手は価格に対応した需要量（需要曲線）を提示する。そして，図3－4のように，供給曲線と需要曲線が交わる均衡点aで市場での価格pと生産量qが決定される。

供給曲線は，売り手が供給量を1単位増加するために要する費用（限界費用）を意味している。限界費用は生産量が大きくなるにつれて上昇し，均衡点で決まる量まではpよりも低い価格で取引されることになる。つまり，供給者にとって生産量qまでは，pと限界費用の間の金額は利潤となる。これを生産者余剰と言い，図3－4では△apsで示される。

一方，需要曲線は，買い手である消費者が消費を1単位増加するごとに増える満足度（限界効用）を意味している。限界効用は，追加的に消費することに対して支払ってもよい金額で示され，消費量が増加するにつれて低下する。買い手は，均衡点aに達するまで価格pで購入する。したがって，消費量qまでは限界効用が価格pを上回る。その差の合計を消費者余剰と言い，図3－4では△aprで示される。生産者余剰と消費者余剰を合計したものを社会的余剰と言う。そして，市場において需要と供給が一致する均衡点での価格と量で，社会的余剰が最大化されることになる。

図3－4　市場での価格と量の決定

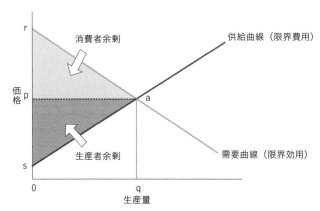

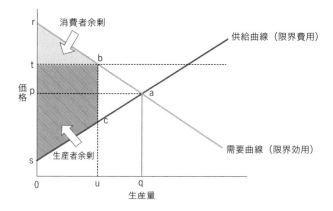

図3－5 価格を均衡点よりも高く設定したときの市場

　図3－5は，価格を均衡価格 a よりも高い水準tに設定した時の状況を示している。たとえば，社会的に生産量を抑制するために公的に価格を高く設定するようなケースが考えられる。この時，生産者余剰は btsc，消費者余剰は△btr，そして両者を合わせた社会的余剰は brsc である。

　図3－4の社会的余剰と比較すると△abc の大きさだけ社会的余剰は小さくなる。言い換えれば，市場における均衡点へと移動することで社会的余剰は大きくなる。市場で達成される効率性は，限られた資源による社会的厚生の最大化であり，社会的余剰を基準として考えれば，均衡点での価格と量の決定が望ましいということになる。

超過負担

　次に，市場で決定される効率性を前提に，課税によって生じる効率性のロスについて説明する。**図3－6**は，ある財に1単位当たりZの税が課された時の状況を示している。買い手が直面する供給曲線（2）は，元の供給曲線（1）からZだけ上方にシフトする。

　この時の均衡点はb となり，購入価格 t，取引量はu に決まる。消費者は税込みで bu の価格を支払うことになり，消費者余剰は△brt となる。一方，生産者は消費者が支払う bu のうち cu だけを受け取ることになり生産者余剰は△cus で示される。

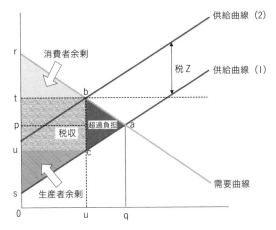

図3-6 課税による超過負担

供給曲線（2）

税Z

供給曲線（I）

消費者余剰

r

t b

p 超過負担 a

税収

u

c

s 生産者余剰

需要曲線

0 u q

　図3-4の税がない状況に比べて，消費者余剰と生産者余剰の合計は abtuc だけ小さくなっている。このうち btuc は税収となって政府に入る。そしてこの税収は，政府支出となって社会に還元される。しかしながら，元の社会的余剰のうち△abc の部分は社会に還元されることはなく消失することになる。この部分を課税による負担 btuc とは別に生じる"超過負担"（excess burdun）と言う[5]。

　そしてこの超過負担は，需要曲線が垂直に近いほど，言い換えると，需要の価格弾力性が低い財ほど小さくなる。これをラムゼールールと言う。価格が変動しても，需要（消費）量の変化が小さい財は，一般に嗜好品や必需品である。このうち必需品については低所得者ほど消費支出に占める比率は高く，また所得に対する割合も高いため，負担は逆進的なものになる。

2財の選択における課税の効果

　図3-7は，消費者の理論を用いて2財の選択における間接税の効果を示したものである。先のモデルが1財の需要と供給の均衡を前提としていたのに対して，この図は所与の所得とX財とY財の2つの財の相対的な価格比の

---

5) 経済学の教科書では，死荷重もしくは死重的損失（dead weight loss）と呼ばれることがある。

下で，どのような消費行動を取るかを示したものである。

　消費者は，X財とY財の消費から効用（満足度）を得る。

$$総効用＝X財からの効用＋Y財からの効用$$

予算（所得）は全てX財とY財の購入に充てられる。

$$予算（所得）＝X財の価格×X財の消費量＋Y財の価格×Y財の消費量$$

　無差別曲線とは，X財とY財の消費から得られる総効用が等しくなる消費量の組合せであり，総効用の水準が高いほど右上に位置することになる。消費者は，予算制約線と無差別曲線が接する点，つまり所与の所得からの消費が可能な範囲の中で，最も総効用が高くなる点で2財の組合せを決定する。

　間接税がない時には，X財はOA，Y財はOBを買うことができ，ABが予算制約線（予算線）である。消費者は，同じ効用を得ることができるXとYの組合せを意味する無差別曲線i_1と予算制約線が接する点SでX財とY財を購入する。

図3－7 消費者均衡と課税の効果

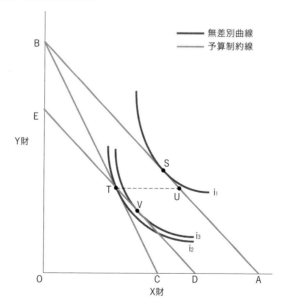

いま，X財のみに課税が行われると，X財はOCしか購入することができなくなり，予算制約線はBCに移動する。X財に対する税率を支払い価格に対する比率で表すとAC／OAとなり，消費者が直面するX財の価格が上昇することになって，両財の価格比が変わる。この時には無差別曲線 i_2 と接するTでX財とY財を購入する。この時，税収はX財で測るとTUで示される。

　ここで，TUの大きさの税収を確保するように，X財とY財に同じ税率で課税する一般的な消費課税を想定すると，価格比はそのままでABを平行移動した予算制約線DEを描くことができる。X財とY財に対する税率は，AD／OA＝BE／OBである。

　均衡点は無差別曲線 i_3 と接する点Uになり，この点でX財とY財の組合せが決まる。ここで同じ税収となる点Tと点Uの状況を比較する。X財，Y財の消費から得られる効用を比較すると，無差別曲線 i_3 と接する点Uのほうが高い。つまり，同じ税収を確保する消費課税を比較すると，X財とY財に等しい税率で課税する一般的な間接税のほうが効用水準は高くなる。そして，X財のみに課税する場合の均衡である無差別曲線 i_2 上の効用との差が，個別間接税によって引き起こされる超過負担である。

　以上の消費者選択の理論は，所得税でも応用することができる。各個人は，労働から得られる所得（消費）と労働時間以外の時間，つまり余暇の組合せから効用を得る。

　横軸に所得，縦軸に余暇を取ると，予算制約線と縦軸の交点では利用可能な時間を全て余暇に費やし，労働時間つまり所得が0である。また予算制約線と横軸との交点は，利用可能な時間を全て労働に費やして得られる所得を表している。所得税が課されると，予算制約線の縦軸との接点はそのままで，横軸の交点だけが左方へ移動する。つまり，予算制約線の傾きが変わる。

　そうすると，図3－7のケースと同じように，所得税と等しい税収が得られるように予算線を平行移動した場合と比べて効用水準が低くなり，超過負担が生じることになる。予算制約線を平行に移動させることで超過負担を生じさせない税制は，所得と余暇に同じ割合で課税する税制であるが，現実には余暇に課税することはできない。したがって，超過負担の生じない課税は，所得に関係なく定額の負担を求める一括固定税ということになる。

3.5　簡素性の原則

■ 簡素の重要性と他の原則との両立

アダム・スミスの4原則のうち，明確性は税制のわかりやすさを求めるものであり，また，納税の便宜性，最小徴税費が重視されている。ワグナーの9原則でも，税務行政上の原則としてスミスと同じ3つの点が求められているように，税制がわかりやすく簡素であることは重要な原則である。一方，税制は定められた負担配分を確実なものにしなければ公平性の面でもまた効率性の面でも，意図された結果を実現することはできない。これを例外なく実現するためには厳格なルール作りとそれを守ることができる環境整備が必要である。納税側にとっても，そして徴税側にとっても簡素な税であることは重要であるが，同時に，公平や中立性という他の原則も充たした税制でなければならない。社会の構成員の間で税負担が確定した後，それを全て支払う人と全額支払わない人が生じれば，税制は明らかに不公平となる。これを未然に防ぐためには，課税側の調査や監督が必要であるし，事後的には摘発や追徴によって正しい納税を実現する必要がある。調査にせよ摘発にせよ，課税当局の側にとっては追加的なコストが必要となり，結果的には社会全体で必要となる税収が増加する可能性すら生じる。公平の実現は，コストを最小化する簡素な税制の実現とは二律背反の関係にあるということである。また，財によって課税水準を変えることは中立性の観点からは望ましくないが，さまざまな生産や流通過程を持つ全ての財・サービスに均一に課税することには複雑な仕組みが必要になる。

■ 最小徴税費の原則

課税方式は申告方式と賦課方式に分けられる。申告方式は，納税義務者が財務・会計情報等を管理して納税額を算出して納税するものである。所得税，法人税，消費税などがこれに当たり，課税当局は申告書の受理，納税の管理を行うことになる。一方，賦課方式は，各納税者の税額を算出して納税者に伝えて納税を求めるものである。賦課方式の税には地方税の固定資産税，所

表3-1 国税及び地方税の徴税費（税収100円当たり）

		2014年度	2015年度	2016年度	2017年度	2018年度	2019年度
国　税		1.39円	1.30円	1.30円	1.24円	1.22円	1.28円
地方税	道府県	1.68円	1.44円	1.43円	1.40円	1.38円	1.38円
	市町村	2.09円	2.06円	2.11円	2.02円	1.98円	2.07円
	計	1.95円	1.82円	1.85円	1.78円	1.74円	1.80円

備考）国税庁及び総務省自治税務局調べによる。
出所）財務総合政策研究所『財政金融統計月報』（第830号）。

得割住民税などがある。申告の場合，計算は納税者自らが行うために課税当局は収納管理だけではなく，申告が正しいかどうかのチェックをしなければならない。徴税費は収納管理と調査のための人員のコストが中心となる。賦課方式の場合は課税ベースおよび税額の算出とともに納税の通知と収納の管理を課税当局が行わなければならない。特に，固定資産税のような賦課方式による資産課税は，課税ベースを決定するための評価を行う必要がある。

　表3-1は，公表されている国と地方の徴税費である。それぞれ税収を100円徴収するのにどれだけの経費をかけているかであるが，これを見ても固定資産税を持つ市町村で徴税費が高くなっていることがわかる。

◻ 納税協力費

　徴税費が課税庁側の経費であるのに対して納税者側に発生する費用が納税協力費である。一般的には，申告に伴う財務情報の管理，申告書の作成であり，多くの納税者が税理士等の専門家に依頼している。そのための費用は依頼料の形で明確になる。

　一方，納税者本人が申告書を作成して納税する場合には，金銭的な負担は発生しないが，申告書作成のために犠牲にする時間の機会費用が生じる[6]。

　日本の所得税は，源泉徴収の対象となっている課税ベースの割合が高いことが特徴である。2020年度では，所得税の税収19.2兆円のうち16.0兆円が源泉徴収による税収であり，8割以上の税収が納税者本人による課税当局への

---

6)　機会費用とは，申告，納税のために要した時間を本来の業務に充てていれば生み出されていたであろう所得のことである。

申告納付を経ずに徴収されている。源泉徴収による税収は，給与所得からが最も大きく，2020年分で11.2兆円，配当所得4.8兆円，利子所得0.3兆円などとなっている。また，都道府県および市町村の所得割住民税についても，給与所得者は雇用主である事業者が徴収する。ただし，住民税の場合は前年所得に対する賦課税方式であるため，居住地の市町村からの税額の通知に従って事業者が徴収する。

　所得税の源泉徴収を行う事業者は源泉徴収義務者，所得割住民税の場合は特別徴収義務者と指定され，課税当局に代わって徴収する立場である。これらの事業者は，計算や徴収，また課税当局へのさまざまな報告書の提出などの事務が生じ，そのための費用も必要になる。しかしながら事業者に発生する費用は公的な徴税費には計上されず，民間の納税協力費とみなされている。

第4章 所得課税論

　ヨーロッパ各国や日本の税体系において，付加価値税や消費税の間接税の
ウエイトが上昇してきており，特に税収増を図る改革においては消費課税が
その柱となっている。一方で個人所得に対する課税は依然として大きな比重
を占めている。

　この章では，所得課税における基本的な考え方と論点の整理を行う。

4.1　所得の定義

▣ 国民経済と所得

　今日，一国の経済活動は『国民経済計算』で算出されるGDP（国内総生
産）で示される。GDPは国内で生み出された付加価値の合計で，2020年度は
536兆円である。付加価値の合計とは最終生産物の価値のことであり，支出
面では，消費，投資，政府支出と純輸出（輸出−輸入）となる。

　そして，付加価値は所得として家計と企業に分配される。所得税はこのう
ち家計が受け取る所得を課税ベースとする。具体的には，給与や賞与などの
雇用者所得，自営業などの事業所得，そして利子・配当の金融所得，不動産
所得である。ただし，株式や土地の売買によって生じる譲渡所得（キャピタ
ルゲイン）は付加価値を構成せず，GDPには含まれないが，所得税の課税
ベースとなる。

　図4−1は，国民経済計算におけるGDP（国内総生産），国内総支出，国
民所得の関係を示したものである。また**表4−1**には，『国民経済計算年
報』（2020年度）で公表された2019，2020年度の数値を示してある。2020年

図 4 − 1 GDP，国内総支出，国民所得

| 生産（GDP） | 付加価値の合計＝最終生産物の合計 | | | |

| 支出（国内総支出） | 消費 | 投資 | 政府支出 | 純輸出
（輸出-輸入） |

| 所得（国民所得） | 家計所得 | | 企業所得 |

注）国民所得はGDPよりも投資のうち減価償却分小さくなる。

表 4 − 1　GDPと国民所得

単位：兆円

	2019年度	2020年度
＜生産＞		
GDP（国内総生産）	557.3	535.5
＜支出＞		
消費支出	415.4	400.6
民間	303.6	286.9
政府	111.8	113.7
総固定資本形成（投資）	143.8	135.3
民間	113.2	104.3
政府	29.3	30.9
純輸出	-1.9	-0.4
輸出	95.7	84.1
輸入	97.7	84.5
合計（国内総支出）	557.3	535.5
＜所得＞		
雇用者報酬	288.0	283.7
財産所得（非企業部門）	25.6	26.4
企業所得	87.0	65.6
要素費用表示の国民所得	400.6	375.7
生産・輸入品に課される税−補助金	43.3	45.8
市場価格表示の国民所得	444.0	421.5

備考）総固定資本形成には在庫変動を含む。
出所）『国民経済計算年報』（2020年度）。

度はコロナ禍の影響で対前年度比でマイナスになっている。表4－1の国民所得のうち家計受取り分となるのは，雇用者所得，財産所得，そして個人企業の事業所得である。

▣ 包括的所得

　所得税はマクロベースの所得総額に課されるものではなく，個々の納税者ごとに算出されるものである。個々の納税者にとっての所得は，一定期間の経済力の拡大で測られるものであり，次式のように，所得 y は同期間の消費 c と貯蓄の純増 s の合計で表される。

$$y = c + s$$

　所得をこのように定義すると，所得がどのようにして獲得されたかということとは無関係に，全ての所得を合算した金額が課税対象となる。そして，その合算した所得に税率表を適用する考え方を包括的所得税という[1]。

　上記の定義では所得の計算のために，１年間の消費を集計し，貯蓄の変化を把握しなければならない。そこで，実際の所得税の課税においては１年間の所得を算出して，申告あるいは源泉徴収という形が取られる。全ての所得を合算して課税するのは，所得税の税率表が一般に累進構造を持っているからである。所得に適用される税率が一定の比例税であればそれぞれに税率を適用しても，合算してから適用しても合計の所得税は同額になる。これに対して累進課税の場合は，税額に差が生じる。今，所得100であれば10％，200であれば20％の負担率となるような累進課税が行われるとする。ある人は２種類の所得を100ずつで200，もう１人は１種類で200であるとすると，合算しない場合は，前者の税額は［10＋10］で20，後者は40となり，合計所得が同じであっても税負担（率）が異なる。

　つまり，累進課税によって垂直的公平を実現する一方で，同じ所得で同じ税負担という水平的公平は充たされないことになる。一方，所得の種類によって課税による経済活動に対する影響が異なることを考慮して，所得ごと

1）　古くは，ヘイグ＝サイモンズによる包括的所得の定義である。

に課税する分類所得税の考え方がある。同じ金額の所得であっても，たとえば不労所得は重課するといった考え方もある。現代の所得税では，金融資産の国際的な移動を配慮して，金融所得について一般の税率とは異なる税率を適用する二元的所得税が分類所得税の代表的な仕組みである。

4.2 累進的な所得課税

◻ 累進的な所得税の効果

　所得税は，垂直的公平のための税負担配分のあり方として，所得が高いほど負担率が高くなる累進的な構造を実現するように設計されている。第1章で見たように，累進的な所得税は，課税後の可処分所得の分配状況（不平等）を課税前から変化させることで再分配効果をもたらす。

　図4－2のように，課税前の所得が100と300のAとBにそれぞれ10％，30％の負担率で所得税が課されると，課税後の可処分所得は90と210となる。

図4－2　累進構造を持つ所得税の再分配効果

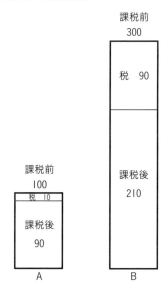

つまり，課税前には両者の間には3倍の差があったものが課税後には2.33倍にまで縮小し，不平等は改善される。

また，累進的な所得税は，所得の変動よりも大きな税収の変動が生じることになる。所得の変化率に対する税収の変化率の割合を税収の所得弾力性と言うが，これが1を上回っていれば，所得税は財政の経済安定機能において自動安定効果を持つ（ビルトイン・スタビライザー）。

■ 累進的な負担の実現

一般に累進的な所得税は，課税所得に適用される税率構造によって設計される。そして，税率表は税法によって規定される。たとえば，100まで10％，100〜200は20％，というように設定すると，98のときは税額が9.8で課税後所得が88.2，102のときは税額が20.4で課税後所得が81.6と課税後の所得が逆転してしまう。

このようなことにならないように，所得に応じて少しずつ負担率が上昇するように税率表が決定される。これを超過累進税率と言い，一例を挙げると下記のような形で設定される。

課税所得	税率
100万円まで	10％
100万円を超えて200万円まで	20％
200万円を超えて300万円まで	30％

この場合，98万円では先と同じように税額は9.8万円，課税後所得は88.2万円，102万円の場合の税額は，［100万円×10％＋（102万円－100万円）×20％］となり10.4万円，課税後所得は91.6万円となる。同様に，250万円の時は［100万円×10％＋（200万円－100万円）×20％＋（250万円－200万円）×30％］となり，税額は45万円，課税後所得は205万円と算出される。

所得税は一般に課税最低限を持つように設定されており，所得控除が設けられている。課税最低限とは，生計に必要な最低限金額を超える部分を所得税の担税力とみなして税率を適用する課税所得を算出するものである。

図4 ― 3 課税最低限のある比例所得税

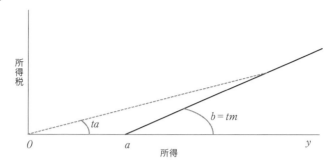

図4 ― 3は課税最低限と比例的な税率を持つ所得税を示している。横軸が所得 y で a が課税最低限，税率は b である。各所得水準での税額 t は，$t = b(y-a)$ で求められる。所得に対する負担率 ta は，図中の点線の傾きで示される。

ta のことを所得に対する実効税率，tm のことを限界税率といい，ta が所得上昇とともに高くなるときに累進的な負担構造となる。図4 ― 3で示されるように，課税最低限が設けられている場合には，比例的な所得税であっても所得税負担は累進的な構造になる。

図4 ― 4は，税率が段階的に高くなる，超過累進の税率表を持っているときの所得税負担である。tm が段階的に高くなることで，高所得者が直面する限界税率は高くなっていることが示される。

図4 ― 4 超過累進税率の所得税

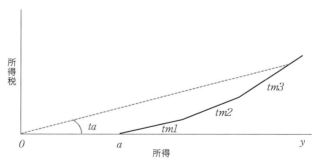

4.3 　所得控除と税額控除

担税力に応じた負担

　所得税は，公平の原則の中でも特に応能原則の実現を目指した税制であり，そのために累進課税が採用されている。そして累進的な負担構造は担税力に対して設定されるものである。ここで問題となるのが，担税力とは何かということである。課税ベースとしての所得，消費，資産はいずれも担税力の指標となりうる。しかし，第3章で示したように，応能原則に基づく公平の中でも特に相対的な経済力の差を考慮する垂直的公平の基準としては，所得が用いられることが一般である。本章のこれまでの記述でも，"所得に対する累進性"と表記していた。

　しかし厳密には，所得金額が同じであっても各納税者の状況によって担税力に差が生じる可能性はある。その典型的な例が納税者の家族状況である。1つの経済単位として，各個人の所得で何人の人が生活しているか，具体的には所得を稼得している人の家族の扶養状況である。たとえば，単身者と扶養義務のある子供が2人いる人とでは，所得金額が同一であっても後者のほうが担税力は低いと考えられる。所得税においては，所得控除という形で所得金額の一部を課税対象から外すことで，この担税力の違いを調整しようとする。所得金額から所得控除を差し引いて残った金額のことを課税所得といい，超過累進の税率表をこの課税所得に適用することで税額が算出される。

　図4-5は，この所得控除を考慮した所得税の構造を示したものである。所得控除は，人員1人につきoa（$=ab$）とする。Xは所得控除なし，Yは所得控除の対象となる人員が1人（単身者），Zは扶養人員が1人（2人世帯）である。YとZはそれぞれXをoaの大きさずつ右に平行移動する。oaは単身者にとっての課税最低限であり，obは扶養すべき人員が1人いる場合の課税最低限を意味している。所得から所得控除を引いた課税所得を累進的な負担を求める担税力としているこのようなケースでは，所得eの扶養人員が1人である納税者と所得dの単身者，また所得hの扶養人員が1人である納税者と所得gの単身者は，それぞれ担税力が等しく同じ税負担を求める。日本

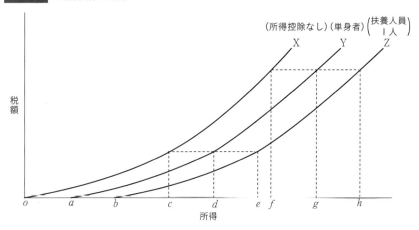

図4－5 所得控除の効果

（所得控除なし）（単身者）$\left(\begin{array}{c}\text{扶養人員}\\\text{1人}\end{array}\right)$

X　Y　Z

税額

所得

o　a　b　c　d　e f　g　h

の税制では世帯人員に関する人的控除だけでなく，医療費など，担税力を縮小する各納税者の事情を配慮する所得控除も設けられている。個々の納税者の事情に対する配慮としては，所得控除によって担税力を調整するのではなく，税額を調整する仕組みが税額控除である。税額控除とは，算出された所得税額から納税者の事情を考慮して一定額を控除（減額）するものである。

　通常税額控除は，その金額よりも算出された税額のほうが低ければ税額がゼロになるだけであるが，給付を考慮すれば，いわゆる給付付き税額控除となる。

　図4－6は，単身者にとっての課税最低限を図4－5の所得控除の時と同じにしたうえで，所得控除ではなく税額控除の制度を取り入れたケースを示している。図4－5での単身者の課税最低限での縦の距離，つまり1人分の人的控除が適用されることによって軽減される税額と等しい税額控除として ij を設定する。所得控除の場合はXからYへと右方へ平行移動していたのに対して，税額控除ではXからYへと ij の大きさだけ下方へ平行移動している。

　所得控除と税額控除を比較すると，所得控除のほうが高所得者に有利とする意見がある。所得控除に対する批判は，所得金額が同じ納税者の所得税額を所得控除の有無で比較すると高所得者ほど税金の減少額は大きくなることに対するものである。図4－5で，XのラインとY，Zのラインとの縦の距

図 4 − 6　税額控除の効果

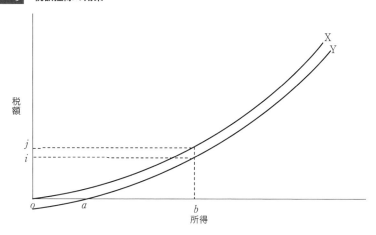

離が同じ所得で控除がある場合とない場合の税額の差を示しており，所得が
高くなるほど大きくなっている。一方，税額控除を示した図 4 − 6 では，X
と Y の縦の距離はどの所得水準でも同じになっている。

　このように所得控除と税額控除による所得税の減額の効果に差が生じるの
は，所得税の税率表が累進的な構造になっているためであり，高所得者の税
率が高く累進性がきついほど高所得者と低所得者の軽減額の違いは大きくな
る。日本では，所得控除と税額控除を巡って長く検討の対象となってきた。

　戦後税制の基礎となったシャウプ勧告では，所得税の世帯単位から個人単
位課税への移行に合わせて，納税者の担税力の調整の観点から，扶養家族に
対する配慮をそれまでの税額控除から所得控除へと移行した。その後の政府
税制調査会でも税額控除への言及は行われるものの所得控除が維持されてき
た。

　2000年の政府税制調査会『我が国税制の現状と課題―21世紀に向けた国民
の参加と選択―』では，「所得控除は，様々な事情により納税者の税負担能
力（担税力）が減殺されることを斟酌して，これを調整するため，所得から
一定額を差し引くものです。」[2] とあり，基本的にはシャウプ勧告と同じ立場

---

2)　政府税制調査会［2000］『我が国税制の現状と課題―21世紀に向けた国民の参加と選択―』106ページ。

である。併せて，控除による所得税の減額が高所得者で大きくなることについては，「所得控除により所得が大きいほど税負担軽減額が大きくなるのは，大きな所得に対して累進税率が適用される結果，より大きな税負担を求めていることの『裏返し』にすぎません。」[3]としている。

一方，2015年の政府税制調査会の『個人所得課税に関する論点整理』の中では，扶養控除について「子どもの扶養を担税力の減殺要因と見て対応すべきか，財政支援の対象とみるべきか議論が分かれるところであろう。」[4]と述べる。そして2017年の「政策的に子育てを支援するという見地からは，税制において，財政的支援という意味合いが強い税額控除という形態を採ることも考えられる。」[5]と，税額控除の検討の必要性が述べられる。所得控除か税額控除かの議論は，家族の扶養に対する配慮を，担税力の調整で行うか，税の軽減で行うかということであり，諸外国でもその仕組みは一律ではない。

4.4　課税単位

■　個人単位と世帯単位

所得から算出した課税ベースに課税するのが所得税であるが，その課税対象としての経済単位を個人とするか世帯とするかは重要な選択である。所得税を課す対象として，個人を選ぶか世帯（あるいは夫婦）を選ぶかは，担税力を個人単位で測定するか世帯単位で測定するかという意味になる。

同じ世帯であっても，個人単位と世帯単位の課税によって税負担に違いが生じるのは，所得税が担税力に対して累進的な負担を求める累進的な税率表を採用しているためである。この違いのために，公平面と効率面，特に結婚に対する中立性の観点から比較検討が行われる。

以下では，2組の夫婦を例にして，税負担の違いを検討する。なお，世帯単位での課税には，世帯（夫婦）の所得を合算して課税する合算非分割の方

---

3)　政府税制調査会［2000］『我が国税制の現状と課題―21世紀に向けた国民の参加と選択―』97ページ。
4)　政府税制調査会［2015］『個人所得課税に関する論点整理』7ページ。
5)　税制調査会［2017］『経済社会の構造変化を踏まえた税制のあり方に関する中間報告』10-11ページ。

式と，世帯の所得を合算した後，分割して課税する合算分割の方式がある。さらに合算分割は，夫婦のみを対象として，2人の所得を合算した額の2分の1から税額を算出して2倍する2分2乗方式と，家族数（n）で割った金額から税額を算出してn倍する，n分n乗方式とがある。

税負担の比較

　今，単身者2人と，扶養する子供のいない2組の夫婦を想定し，所得は相対比で示す。単身者Aの所得は1，単身者Bの所得は2，夫婦X（CとD）は，Cの所得2，Dの所得0，夫婦Y（EとF）は，Eの所得1，Fの所得1とする。累進課税の個人単位課税では，BはAの2倍以上の税額となる。簡単化のために扶養に対する配慮はないものとすると，CはBと同じ税額で，EとFはそれぞれAと同じ税額となる。この時，夫婦を合計した税額は，X＞Yとなる。

　次に，合算非分割世帯（夫婦）単位課税では，XとYの夫婦はいずれもBと同じ税額になるが，Yの夫婦は個人単位課税のもとよりも税負担が増加する。このような場合には所得が同額のEとFは，結婚することなくそれぞれ単身者として納税する方が税負担は低く，税制が結婚に対するペナルティとして作用する。

　次に，合算分割の2分2乗方式の世帯単位を想定すると，夫婦Xは，CとDの合計額を2分の1して課税し，それを2倍することになるので，元の税額から，Aの2倍の税負担まで減少することになるのに対して，Yの夫婦は税額に変化は生じない。このようなケースでは，所得2のBは所得0の相手と結婚すれば税負担が低下することになるため結婚は促進される。このように，合算非分割か合算分割であるかに関わりなく，世帯（夫婦）単位課税の下では，合計所得の等しい夫婦の税額は等しくなる。

各国の状況

　課税単位を公平面から捉えると，累進課税の下では個人間の公平と世帯（夫婦）間の公平を両立させることはできず，社会としてどちらを重視するかの選択によるものと考えることができる。

　日本では，第2次大戦前の所得税の運用にあたっては，それまでの家長制

度の下で，家族が獲得した所得は全て家長（世帯主）の所得とみなされた。つまり，合算非分割の世帯単位課税が採用されていたことになるが，戦後は家長制度も廃止され，シャウプ勧告に基づいて個人単位課税となっている。

　主要な先進国を見ると，アメリカとドイツは夫婦についてはそれぞれが納税する個人単位課税と2分2乗の課税を選択できる仕組みになっている。一方，日本の他，イギリス，イタリア，スウェーデン，オランダといったヨーロッパ諸国やカナダ，オーストラリアなどは個人単位課税である。そしてフランスは，子供も含めてn分n乗[6]が採用されている。世界では個人単位課税の国が大勢を占め，ヨーロッパでは1970年代以降，世帯（夫婦）単位から個人単位へと移行した国が多い。

4.5　分類所得税 ——二元的所得税

　全ての所得を合算して1つの税率表を適用する包括的所得税（総合課税）に対して，所得の特性等を考慮して所得ごとに異なった税率を適用する分類所得税の考え方がある。

　総合課税を目指したシャウプ勧告以前の日本の所得税でも，公社債，預金利子に対しては比例税率，その他の個人所得については世帯単位で合算して累進税率というように分類所得税が採用されていた。次章で述べるように，日本の所得税は総合課税を原則としつつ，所得の区分に従って分離課税が採用されている。近年，分類所得税に関して注目されているのが北欧3国で導入された二元的所得税の考え方である。

　スウェーデン，ノルウェー，フィンランドでは，1990年代初頭から，金融所得だけではなく不動産所得も含めた資産性の所得をその他の勤労所得から区分して比例税率で課税する二元的所得税が導入された。これを受けて，日本でも，"金融所得一体課税"の検討が行われる。

　日本での検討においては金融税制を中心とした議論となっており，金融所

---

6)　フランスでは，夫婦が2，第一子，第二子は0.5，第三子以降は1が加えられる。

得課税の一体化について以下のようなメリットと課題が示されている[7]。

金融所得一体課税の肯定的な立場からは，以下のメリットが指摘される。

① 金融税制の簡素化に資する。

② 金融商品間の税制の中立性を向上させることができる。

③ 投資家の資産選択に対する税制の中立性を向上させることができる。

④ 金融商品開発における税制上の弊害を軽減する。

⑤ リスク・マネーの供給拡大に資する。

⑥ 投資家にとって予測可能性の高い税制となる。

⑦ 貯蓄の二重課税を緩和する。

⑧ タックス・コンプライアンス（税法の遵守）に資する。

一方，導入に慎重な見解としては，現行の所得の種類に基づく区分での課税を継続し，損益通算の範囲の見直しで十分とする意見や，そもそも，二元的所得税を導入した北欧諸国と日本とは状況が異なるという指摘，金融所得を一括するとリスクに応じた課税が困難になるといった課税方式の問題とともに，低税率での課税が高所得層に有利に働き，税の所得再分配機能が後退する可能性が指摘される。

その後，日本での金融所得一体課税の問題は，損益通算のあり方を巡って展開され，資産選択に関する税の中立性が焦点となる[8]。そこで以下では，金融所得一体課税における，資産選択への中立性について簡単な数値例を用いて説明する。

いま，金融所得に適用される税率が20％で，預金の利率が10％であると仮定する。預金の収益率は10％，課税後の収益率は8％である。他方，40％値上がりする確率が50％，20％値下がりする確率が50％の株式を考える。この場合の期待収益は，$40 \times 0.5 + (-20) \times 0.5 = 10$で求められ，期待収益率は預金の利率と同じ10％となる。しかし，譲渡所得の実現時のみの分離課税が実

---

7) 以下の整理は，金融税制に関する研究会［2002年6月］『今後の金融税制のあり方について―「二元的所得税」をめぐる議論の論点整理を中心として―』による。

8) 政府税制調査会が2003年6月に発表した中期答申『少子・高齢社会における税制のあり方』では，「今後の課税のあり方については，簡素かつ公平で安定的な制度の構築を念頭に，金融商品間の中立性を確保し，金融資産性所得をできる限り一体化する方向を目指すべきである。」と述べられている。

施されると，課税を考慮した期待収益率は，$40 \times (1 - 0.2) \times 0.5 + (-20) \times 0.5 = 6$ となり，預金の課税後収益率8％よりも低くなる。

　課税がなければ同じ収益率が期待される2つの金融資産の選択に関して，課税後の（期待）収益率に差を生じさせる税制は資産選択の中立性を阻害する。このような状況を回避し，両者の課税後の（期待）収益率を等しくするためには，株式取引による譲渡損失をマイナスの課税所得として取り扱うことが必要である。つまり，先と同じ条件の株式取引を2件行い，1件は＋40，もう1件は－20の収益となった時には，課税所得を両者の合計である20とし，20％の課税を行う。そうすると200の投資からの課税後収益は16となり，収益率は8％で預金と等しくなる。

　ただし，損益通算を実施したとしても，損失を相殺できるだけのプラスの収益があることが前提となる。理論上は，損失が生じた場合の還付がなければ，株式投資による損失の可能性のある金額を相殺する大きさの他の金融所得がない限り，課税後の期待収益率は低下する。したがって，相当規模の金融資産の保有者でなければ，損失の生じる可能性のある投資へのインセンティブは低いままになる。この点は，二元的所得税の問題点で指摘された，高所得層に有利という視点ともつながる問題である。

Tax and Public Finance

<h1 style="text-align:center">第5章 日本の所得税制</h1>

　2015年頃から，所得税の配偶者控除などの控除制度のあり方を巡って，政府税制調査会でも集中的に議論が行われるようになった。しかし同時に，日本の所得税には，その課税方式，課税ベース，そして負担構造など，さまざまな課題がある。本章では，日本の所得税制の状況と仕組みについて述べる。仕組みについては，2022（令和4）年度の税法に基づいている。

5.1　所得税の算出

☐　所得の算出

　繰り返し見てきたように，シャウプ勧告では全ての所得を合算して1つの税率表を適用する総合課税を目指した。総合課税の課税ベースとなる包括的所得は，消費に貯蓄の純増額を加えたものであるが，現実の課税においては，全ての納税者の消費額や貯蓄額を把握することは課税当局のみならず納税者本人も把握することは難しい。

　そこで，日本だけでなく所得税を採用している各国とも，一定期間に各個人（もしくは世帯）が獲得した所得に対して課税している。各納税者は，全ての収入からさまざまな経費を差し引いて所得を算出し，それに基づいて求めた税額を納税する。これが申告納税である。日本の所得税はこの申告方式を基本としながら，その中の大きな割合が源泉徴収方式での課税となっている。

　日本の所得税法では，所得の性格やその算出方法によって所得が**表5-1**で示される10種類に区分されている。事業所得，不動産所得等は，収入からその収入を獲得するための経費を差し引いて所得を算出する。もし，収入よ

表 5 − 1　所得の種類

所得の種類	所 得 の 内 容
利子所得	公社債・預貯金の利子，合同運用信託（貸付信託など）・公社債投資信託・公募公社債等運用投資信託の収益の分配による所得
配当所得	法人から受ける剰余金・利益の配当，剰余金の分配，基金利息などによる所得
不動産所得	土地・建物など不動産の貸付け，地上権など不動産上の権利の貸付け，船舶・航空機の貸付けによる所得
事業所得	製造業，卸小売業，農漁業，サービス業などのいわゆる事業から生ずる所得
給与所得	俸給，給料，賃金，歳費，賞与などの所得
退職所得	退職手当，一時恩給，その他退職により一時に受ける給与などによる所得
山林所得	山林を伐採して譲渡したり，立木のまま譲渡することによる所得（取得後 5 年以内に譲渡した所得は，事業所得又は雑所得）
譲渡所得	土地，借地権，建物，機械，金地金などの資産の譲渡による所得（事業所得，山林所得及び雑所得に該当するものを除く。）
一時所得	懸賞の賞金，競馬の払戻金，生命保険契約等に基づく一時金などの，上記の 8 種類の所得以外の所得のうち，営利を目的として継続的行為から生じた所得以外の一時の所得で，労務その他の役務又は資産の譲渡の対価としての性質を有しないものなどによる所得
雑所得	上記の 9 種の所得以外の所得で，例えば，非事業用貸金の利子，作家以外の者の原稿料や印税・講演料，公的年金等などによる所得

出所）国税庁『税法入門（令和 4 年度版）』(https://www.nta.go.jp/about/organization/ntc/kohon/nyuumon/mokuji.htm)。

りも経費のほうが大きければ赤字となる。収入と経費は納税者自身が計算するのであるが，それをどこまで正確に申告し，課税当局が正確に把握しチェックすることができるかは公平な税制を構築するうえで重要な要素である。ただし，利子や配当などの金融所得の中には，経費が考慮されず収入がそのまま所得となるものもある。

　表 5 − 2 は，『国税庁統計年報』に基づいて2020年の所得税の課税対象となる所得の内訳を示したものである。給与，利子，配当，退職の各所得については源泉徴収の対象となる支払いベース，その他は申告された金額である。日本では，就業者6,547万人のうち5,817万人が雇用者（役員362万人を含む），つまり給与所得者で[1]，課税ベースの中で給与の占める割合も高い。

　第 3 章で見たように，給与所得はその大半が雇用主である事業所で源泉徴

表 5 - 2　所得税の課税対象所得（2020年）

単位；億円

利子	67,863
配当	377,446
不動産	69,398
事業	105,854
給与	2,648,247
退職	91,702
山林	36
譲渡所得	4,185,982
土地譲渡	4,149,000
株式等譲渡	36,064
総合譲渡	918
一時	2,817
雑	96,328

備考）1. 利子及び配当には法人受取分を含む。
　　　2. 利子には非課税分を含む。
出所）国税庁『国税庁統計年報』（令和2年度版）。

収が行われ，申告納税は行われない。そして，給与所得者については経費の算出は概算で行われ，それが給与所得控除である。

▢　給与所得控除

　給与所得者にとっての経費は，各人の雇用形態や勤務の内容によって大きく異なる。また，5,000万人を超える給与所得者が全て個別に申告書を提出した場合，現在のシステムでは対応が困難になる。そのため，給与所得者については，事業者による源泉徴収で納税が完結する仕組みが取られるとともに，経費の算定にあたっては給与所得控除が適用されている。そして，給与収入から給与所得控除を差し引いた金額が所得金額となる。

　給与所得控除は，サラリーマンの経費の意義と算出を巡って展開された裁判で，経費の概算の他に，①給与所得の担税力としての弱さ，②申告納税ではなく源泉徴収されることによる早期納税に対する利子の考慮，③給与所得が他の所得よりも捕捉率が高いことへの調整，という3つの意義が示されたが，今日はほぼ経費の概算控除という位置づけになっている。

　給与所得控除は給与収入の階級に応じて割合が定められており，**表 5 - 3**のように算出される。なお，2012年までは給与1,000万円超は5％で上限は

　2020年以降の給与所得控除の算出

給与収入	給与所得控除額
162.5万円以下	55万円
162.5万円超180万円以下	収入金額×40％−10万円
180万円超360万円以下	収入金額×30％＋8万円
360万円超660万円以下	収入金額×20％＋44万円
660万円超850万円以下	収入金額×10％＋110万円
850万円超	195万円

図５−１　給与所得控除

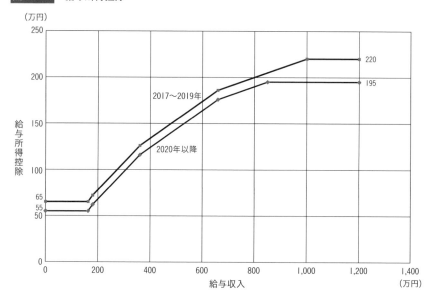

なかったが，2013年以降，高所得層で制限が設けられ，2020年以降は給与収入850万円超で195万円が上限となっている。また，低い給与には定額の給与所得控除が認められ（最低保障額）ており，2019年までは65万円であった。

　2020年には，給与所得控除の一律10万円の引下げと，給与収入850万円の計算値である195万円への上限の引下げが行われた。**図５−１**は，2020年度以降とそれまでの給与収入に対する給与所得控除の構造を示したものである。給与所得控除は，2020年以降，2019年の制度で算出される金額から10万円を

74

給与収入	給与所得控除の金額（万円）				
	2012年まで	2013～15年	2016年	2017～19年	2020年～
180万円	72	72	72	72	62
360万円	126	126	126	126	116
660万円	186	186	186	186	176
850万円	205	205	205	205	195
1,000万円	220	220	220	220	195
1,200万円	230	230	230	220	195
1,500万円	245	245	230	220	195
1,800万円	260	245	230	220	195

控除した金額となり，上限額の対象給与の金額が引き下げられている。

　経費の概算控除としての給与所得控除は，給与収入が高くなるにつれて，経費率を下げる算出方法がとられている。具体的には，180万円までは40％（後述の最低保障額よりも低い場合は最低保障額），つまり給与収入が1万円増加するごとに4,000円，180万円から360万円までは30％，つまり給与収入が1万円増加するごとに3,000円，というように計算されそれを加算していく。図5－1で，上の線は2019年までのこの状況を示している。そして図では，2020年以降はこの金額から一律に10万円を差し引き，上限を195万円に引き下げる変更が加えられたことを示している。

　表5－4は，これまでと2020年以降のいくつかの給与収入に対応する給与所得控除額を示したものである。近年の高収入層での圧縮が明確になっているが，2020年以降については，給与所得控除の引下げと併せて基礎控除の10万円の引上げが実施されたことから，給与所得控除が10万円以上引き下げられる給与収入850万円超となるまでは，給与所得控除と基礎控除の増減が相殺されることになる。

　給与所得者の経費については，1988年から給与所得控除ではなく経費の実額控除を選択することも可能になっていたが，実際にはその利用者は少なく，年に数件程度にとどまっていた。2015年以降は，経費（特定支出）の額の合計額が給与所得控除額の2分の1に相当する金額を超えるときは，その超えた金額を給与所得の計算上控除することができるようになった。この特定支

出に該当するのは，交通費として支給される通勤費以外の通勤費，研修等に要する経費，また職務に必要な資格取得に要する経費などである。

5.2　課税所得の算出

▣ 所得控除と課税最低限

　第4章で述べたように，日本の所得税は，所得から所得控除を差し引いた課税所得に税率表を適用することで算出される。つまり，

$$課税所得 ＝ 所得金額 － 所得控除$$

である。

　所得控除のうち基礎控除は所得を持つ全ての人に適用され，配偶者控除は扶養対象となる配偶者がいる場合，そして扶養控除は扶養する人員数によって決まる。これらの控除を人的控除と言い，納税者の所得によってどれだけの人員が生活を営んでいるかによって担税力の調整を行うものである。ただし，所得の高い納税者については，所得金額に応じて基礎控除，配偶者控除が減額もしくは適用されなくなる。

　税と同じ公的負担である社会保険料は，一定額以上の収入を持つ人が全て支払っている。それを所得から控除するのが社会保険料控除で，医療，年金，介護といった社会保険料の自己負担額（雇用主負担を除く）が全額控除される。給与所得者の場合は保険料の上限に達するまでほぼ給与収入に比例的に算出される。

　給与所得者の場合は，課税最低限は給与収入の金額で示される。つまり，給与所得者の課税所得は，

$$課税所得 ＝ 給与収入 － 給与所得控除 － 所得控除$$

で求められる。

　そして，課税所得がちょうど0になる所得が給与収入で示される課税最低限である。課税最低限の算出において考慮されるのは，基本的に全ての納税

図 5 - 2　夫婦子１人の給与所得者の課税最低限（2022年）

給与所得控除 93.6万円	社会保険料 控除 42.8万円	基礎控除 48万円	配偶者控除 38万円	特定扶養控除 63万円

給与収入　285.4万円

備考）社会保険料は給与収入額の15％として計算されている。

表 5 - 5　給与所得控除（最低保障額）と基礎控除の推移

改正年	給与所得控除 最低保障額	基礎控除	合計
1974	50万円	24万円	74万円
1984	57万円	29万円	86万円
1989	65万円	35万円	100万円
1995	65万円	38万円	103万円
2020	55万円	48万円	103万円

者に適用される基礎，配偶者，扶養，社会保険料の各控除であり，2022年の配偶者と特定扶養親族に当たる子供（その年の12月31日現在の年齢が19歳以上23歳未満）が１人いる場合の課税最低限となる給与収入は285.4万円である（**図 5 - 2**）。

　また社会保険料の対象外となる単身の給与所得者の場合は，給与所得控除と基礎控除が課税最低限となる。1995年以降は103万円で，これがいわゆる“103万円の壁”と言われる根拠となっている（**表 5 - 5**）。2020年以降は両方に10万円の変更があったが，合計103万円は変わらない。

　上記の課税最低限を構成する所得控除の他に，個々の納税者の経済的状況に応じて担税力を調整したり，特別な政策目的のために設けられている控除もある。その主なものは以下の通りである。

　　医療費控除…医療費としての自己負担額が10万円を超える場合にはその
　　　　　　　超過分を所得控除

　　雑損控除…盗難や火災によって被害を受けた場合に損失額を所得控除

生命保険料控除…民間の生命保険および個人年金の普及のために掛金を所得控除（それぞれ上限5万円）

地震保険料控除…支払った地震保険料の全額を控除（最高限度額5万円）

寄附金控除…公益の増進に役立つよう公共部門，学校等に寄附を行った場合に，1万円を超える部分を所得控除（上限は所得の20％）

☐ 扶養控除と配偶者控除

　所得税において，本人およびその家族が最低限の生活に要する費用を課税対象から外すために，人的控除が設けられている。日本では近年，この人的控除についてさまざまな検討と変更が加えられている。日本では，シャウプ勧告に基づく税制改正で，家族に関する調整はそれまでの税額控除から所得控除方式へと移行する。その後，所得控除の金額は基礎，配偶者，扶養で差が設けられていたが，1975年以降は全ての金額が同一になる。

　そして，金額は順次引き上げられる。1988年には配偶者特別控除が導入され，89年には高校生から大学生に相当する16〜22歳の子供について扶養控除を増額する特別割増扶養控除が設けられた。2010年まで，基礎，配偶者，扶養の各控除は特別な増額を除いて基本的に1人当たり38万円であった。この仕組みに変更が加えられたきっかけは，当時の民主党政権の下で，15歳以下の子供に対して，"子供手当"が給付されるようになったことである。子供に対しては従来から児童手当が支給されていたが，子供手当はそれまでの所得制限をなくして全ての子供を対象としたもので，この支給に伴って15歳以下の子供に対する扶養控除が廃止された。

　人的控除を巡るもう1つの論点は，税制上の配偶者の取扱い，つまり配偶者控除のあり方であった。

　配偶者の労働については，長く"103万円の壁"と言われるように，パート従事者が，世帯主の配偶者控除が適用される範囲におさまるように勤労時間を調整することが指摘されてきた。パート従業者は通常女性であることが多く，この点が"女性の活躍"の観点から批判の対象となった。上記のように，この103万円は給与所得者に適用される給与所得控除の最低保障額55万円と基礎控除48万円の合計で，単身者にとっての課税最低限のことである。

日本の所得税制は1960年代の高度成長期から1980年代まで，所得が上昇する中で物価調整減税が繰り返されてきたが，女性のパート労働が広がるにつれて，給与所得控除の最低保障額が引き上げられ，それが"パート減税"と叫ばれるようになる。

　もともと配偶者控除は，配偶者の給与収入が一定額を超えると世帯主の配偶者控除が全額適用されなくなることから，税負担に逆転現象が生じることが指摘され，配偶者特別控除の創設にあたって，配偶者の収入額に応じて階段状に減額する仕組みが導入された。

　現在は納税者本人（世帯主）の所得水準と配偶者の給与収入の金額に応じて配偶者控除と配偶者特別控除の額が決定されている（**表5－6**，**表5－7**）。

表5－6　配偶者控除（2022年）

控除を受ける納税者本人の合計所得金額	控除額	
	一般の控除対象配偶者	老人控除対象配偶者
900万円以下	38万円	48万円
900万円超950万円以下	26万円	32万円
950万円超1,000万円以下	13万円	16万円

注）配偶者が障害者の場合には，配偶者控除の他に障害者控除27万円（特別障害者の場合は40万円，同居特別障害者の場合は75万円）が控除される。
出所）国税庁HPより（https://www.nta.go.jp/taxes/shiraberu/taxanswer/shotoku/1191.htm）。

表5－7　配偶者特別控除（2022年）

		控除を受ける納税者本人の合計所得金額		
		900万円以下	900万円超950万円以下	950万円超1,000万円以下
配偶者の合計所得金額	48万円超　95万円以下	38万円	26万円	13万円
	95万円超　100万円以下	36万円	24万円	12万円
	100万円超　105万円以下	31万円	21万円	11万円
	105万円超　110万円以下	26万円	18万円	9万円
	110万円超　115万円以下	21万円	14万円	7万円
	115万円超　120万円以下	16万円	11万円	6万円
	120万円超　125万円以下	11万円	8万円	4万円
	125万円超　130万円以下	6万円	4万円	2万円
	130万円超　133万円以下	3万円	2万円	1万円

出所）国税庁HPより（https://www.nta.go.jp/taxes/shiraberu/taxanswer/shotoku/1195.htm）。

5.3　所得税額の算出

☐ 税率表

　前章で見たように，日本でも，所得税の累進的な負担を実現するために課税所得に対して超過累進税率が適用されており，課税所得が1単位増加したときに適用される税率を限界税率と言う。現在の税率表は**表5－8**に示されている。

　最高税率は高度成長期から1980年代まで75％と非常に高く設定されていたが，フラット化の流れの中で引き下げられてきた経緯がある。所得に対する住民税（都道府県および市町村）が2009年以降10％の比例税になっているため，2014年まで合計した最高税率は50％であったが，2015年以降は所得税に45％の税率が設定され，住民税との合計では55％となっている。

表5－8　所得税の税率表

課税所得金額		所得税率	
		～2014年	2015年～
	195万円以下	5%	5%
195万円超	330万円以下	10%	10%
330万円超	695万円以下	20%	20%
695万円超	900万円以下	23%	23%
900万円超	1,800万円以下	33%	33%
1,800万円超		40%	
1,800万円超	4,000万円以下		40%
4,000万円超			45%

☐ 税額の算出

　図5－3は，外枠が課税所得，縦軸が課税所得の階級ごとに適用される税率である。

　税額は，図中のグレーで示した四角形を，課税所得額に至るまで合計することで求められる。たとえば課税所得が500万円の時，税額は次式で求められる。

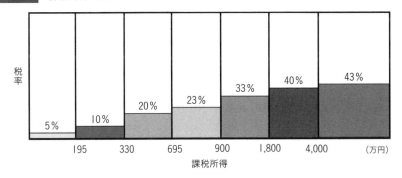

図5-3 課税所得と税額

税率

5% 10% 20% 23% 33% 40% 43%

195 330 695 900 1,800 4,000 (万円)

課税所得

195万円×5％+（330万円－195万円）×10％+（500万円－330万円）×20％
＝57.25万円

これはしばしば所得税額の速算表で用いられる下記の式と同じことである。

500万円×20％－［195万円×（20％－5％）+（330万円－195万円）×（20％－
10％）］

＝500万円×20％－42.75万円

＝57.25万円

最終的な納税額は，算出された税額から配当税額控除，特定寄附金に関す
る税額控除，住宅ローンに関する税額控除といった，税額控除を差し引いた
金額となるが，これらの税額控除の適用のためには，原則として確定申告の
必要がある。

なお，2011年の東日本大震災を受けて2013年から2037年まで，所得税額に
対して2.1％の復興特別税が上乗せされている。

◼ 源泉徴収制度と申告納税

日本の所得税は申告納税を基本としながら，所得の支払者から金銭の支払
いが行われる際に所得税を差し引いて税務署に納税する源泉徴収を併用して
いる。併用とはいえ，2020年度の所得税収19.2兆円のうち16.0兆円は源泉徴
収による税収であり，源泉徴収制度が大きな役割を果たしている。給与など
の所得の支払者は源泉徴収義務者と位置づけられ，税務署に代わって徴収事
務を担うことになる。

表 5 － 9　　申告納税者の数（2020年）

	人
申告納税者数	6,574,695
事業所得者	1,809,071
不動産所得者	1,064,255
給与所得者	2,581,366
雑所得者	806,001
その他	314,002

出所）国税庁『国税庁統計年報書』（令和２年）。

　源泉徴収の対象となっている所得の中心は給与であり，大半の給与所得者は源泉徴収で納税が完結する。給与支払者は毎月の給与から，その金額，扶養家族の状況に応じた所得税額を概算で求めて源泉徴収を行う。

　そして，12月の給与で年間の給与が確定することを受けて年間の所得税額を算出し，毎月の給与と賞与からの源泉徴収済額との差額を調整する。これが年末調整である。この年末調整の際，各個人が加入している生命保険料控除などの追加的な所得控除も適用される。他方，事業所得や不動産所得を持つ人や，給与所得者のうち給与収入が2,000万円を超える人は確定申告の義務がある。

　表 5 － 9 は，2020年の申告納税者数を示したものである。申告納税者は657.5万人，事業所得者は180.9万人，そして最も多いのが給与所得者の258.1万人である。

第6章 日本の所得税制の論点

　日本の所得税は，所得の種類，課税方式など，非常に多岐にわたる課題を抱えている。この章では，所得課税の中で中心的な位置を占めている給与所得者の所得税の状況と人的控除を巡る議論，そして金融所得，年金課税の課題について論じる。

6.1　給与所得者の現状と課題

■　給与所得者の所得税負担

　表6－1は，2020年の1年を通じて勤務した民間の給与所得者の状況を示したものである。民間給与所得者数は5,245万人，給与総額は227兆円である。なお，給与所得者には，民間のサラリーマン以外に公務員が約330万人（第2章参照），この他に短期間での給与支払いを受ける人がいる。平均給与は422万円で，給与所得者の約8割が600万円以下の階級である。一方，給与の総額で見ると40％以上が600万円超の階級である。

　表には各階級の給与に対する所得税の負担率も示してある。給与に関しては，給与所得控除や人的控除などを差し引いた課税所得に対して累進税率が適用される。そのため，特に低い階級では給与収入に対する課税所得の割合も低く，税負担率も1～2％台である。そして累進税率の効果で，1,000万円を超えるとほぼ10％台に達し，2,500万円超では平均して31.2％の負担率である。全体の税負担率は4.7％で，税額の75％以上は700万円を超える階級の負担となっている。

表 6 - 1 民間給与所得者の給与と税負担率（2020年）

給与収入階級	給与所得者数	構成比	給与			所得税負担率
			総額	構成比	平均	
	(人)	(%)	(百万円)	(%)	(千円)	(%)
100万円以下	4,420,031	8.4	3,539,319	1.6	813	0.4
200 〃	7,225,658	13.8	10,481,057	4.6	1,456	1.1
300 〃	8,141,952	15.5	20,534,804	9.0	2,520	1.6
400 〃	9,130,277	17.4	31,994,319	14.1	3,500	1.8
500 〃	7,642,554	14.6	34,197,731	15.1	4,480	2.1
600 〃	5,366,489	10.2	29,394,963	12.9	5,480	2.5
700 〃	3,395,274	6.5	21,959,364	9.7	6,468	3.0
800 〃	2,312,970	4.4	17,266,132	7.6	7,464	4.0
900 〃	1,452,525	2.8	12,312,265	5.4	8,472	5.2
1,000 〃	952,149	1.8	9,026,149	4.0	9,479	6.4
1,500 〃	1,753,060	3.3	20,750,458	9.1	11,810	9.7
2,000 〃	384,242	0.7	6,654,302	2.9	17,158	16.6
2,500 〃	124,247	0.2	2,803,995	1.2	22,356	21.2
2,500万円超	144,572	0.3	6,243,330	2.7	41,178	31.2
計	52,446,000	100.0	227,158,188	100.0	4,216	4.7

出所）国税庁『国税庁統計年報』（令和 2 年度版）より作成。

給与収入の不平等

　図 6 - 1 は，不平等度を表す指標としてジニ係数（第13章を参照）を用いて1985年以降の民間給与所得者の不平等度の推移を示したものである。高度成長期を経た1980年代前半は給与所得の分配状況が平等化し，「一億総中流」とまで言われるようになる。

　しかし，1990年頃のバブル期には金融業や不動産業といった業種の勤務者の給与収入が急激に上昇したこともあって，全体の不平等度は大きくなる。そして，バブル崩壊とその後の経済の低迷は給与所得者の不平等を拡大していくことになり，2013年頃からは高止まりの傾向にある。

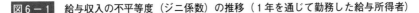

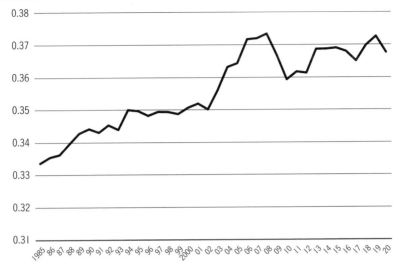

図6－1　給与収入の不平等度（ジニ係数）の推移（1年を通じて勤務した給与所得者）

出所）『税務統計から見た民間給与の実態』（各年版）より算出。

📖 配偶者控除と就労調整

　日本の所得税は個人単位課税であり，基本的には他の人の所得とは無関係に税負担が決まる。しかしながら，生活や消費は1人ずつ個別に行うわけではなく，家族や世帯が単位となる。そのため，個人単位の所得税であっても，その扶養状況について一定の配慮を行っている。これは，個人の所得に対する課税が，個々の事情を考慮した課税が可能である"人税"であることの最も大きな特徴である。

　日本の所得税では，配偶者控除や扶養控除が設定されていることは上記の通りであるが，この人的控除との関係でしばしば議論の対象となるのが，配偶者控除と女性の勤労との関係である。所得控除は，結果的に納税者の税負担を減少させることになるために女性の勤労が阻害されるという考え方がある。勤労意欲に関する問題は，租税原則の中立性の観点から考える必要がある。

　以下，世帯主（A）と配偶者（B）とする。

税制や社会保険など公的な制度や，扶養家族に対する企業からの手当など
の仕組みがなければ，Bの所得は，そのまま世帯（夫婦）の合計所得になる。
ここに現在のさまざまな制度を当てはめると，Bの所得が0の時は，Aに配
偶者控除が適用され，Bは年金に関して第3号被保険者とみなされるほか，
健康保険も扶養家族となる。また，Aの勤務先では扶養手当が加算されるこ
とも多い。一方，AとBがいずれもフルタイムで勤務している場合は，それ
ぞれの扶養関係は生じず，また社会保険料はそれぞれが負担する。

　Bの所得が0から次第に増加し，ある一定の所得金額に達すると，Aの配
偶者控除が適用されなくなることによる負担増，Bに発生する社会保険料，
そして手当が支給されているケースではそれがなくなる，という世帯（夫
婦）の合計手取り所得を減少させる結果となる。

　この状況を簡単なイメージ図で示すと**図6－2**のようになる。太い実線は，
現行制度の下での配偶者（B）の所得と夫婦の手取り所得の関係，そして細
い実線が，税制や社会保険料，企業からの手当がない場合の両者の関係であ
る。現状では，Bの所得の増加よりも夫婦の手取り所得の減少の幅が大きく
なる部分がある。そしてBの所得が一定額以上になれば，それぞれの制度の
影響はなくなり，Bに対する所得税と社会保険料を差し引いた金額だけ世帯
の手取り所得が増加することになる。

図6－2　　**配偶者の所得と世帯の手取り所得**

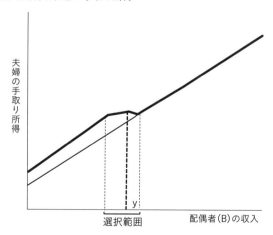

したがって，税制等の影響を受けるのは，この部分を挟む選択範囲でのBの所得，つまりBの就労時間の選択である。これと同様のことは，扶養対象となっている子供（学生やフリーター）でも当てはまる。ただし，制度的な影響は，税制や社会保険等が適用されるかどうかの境界点での議論であって，子供にせよ配偶者にせよ，フルタイムで就労するかどうかの選択には無関係である。

　とはいえ，さまざまな制度的な要因によって○万円の壁（図ではy）は存在する。したがって，その壁を少し超えるよりも壁を超えない範囲での就労にとどめるという意味で，税制等の仕組みは配偶者（多くは女性）の就労に対して中立的ではない。その解消のためには，扶養に関する一切の配慮を廃止するか，世帯の可処分所得の逆転現象がなくなるように個々の仕組みを細かく精緻なものにしていくしかない。現行制度のように，配偶者特別控除が配偶者の所得に応じて段階的に消失する仕組みが取り入れられていることもその1つの方法である。また，世帯主の配偶者特別控除（38万円）の適用を配偶者の収入150万円までに引き上げたことはその壁を少し右に寄せる効果はある。

　就労に対する中立性を確保するために制度的な精緻さを高めれば，簡素の観点からはマイナスを引き起こすことになる。個人単位課税を原則としつつ扶養に対する配慮を行う日本の税制では，この両者をどのようにバランスを取るかの検討はますます重要になる。

◳ 高所得者の人的控除

　2018年の税制改正により，所得金額に応じて人的控除の適用を制限する方向性が示された。このような，所得水準による所得控除の適用に差を設けることにはどのような意義があるのだろうか。

　図6-3は，高所得，低所得者と，配偶者，扶養控除の適用の有無で4つに区分したものである。控除の有無は，控除対象となる扶養家族の有無を表している。そして，所得が同じであれば，控除ありよりも扶養家族のいない控除なしのほうが担税力は高い。高所得，低所得を区分する水準についてはさまざまな考え方があるが，ここでは特に具体的に示していない。言うま

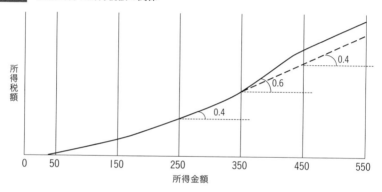

図6−3 所得控除と所得階層

高所得層	② 配偶者控除 扶養控除 なし	① 配偶者控除 扶養控除 あり
低所得層	④ 配偶者控除 扶養控除 なし	③ 配偶者控除 扶養控除 あり

図6−4 課税所得と所得税額の関係

でもなく，高所得者に限定した控除の不適用はグループ①の人に対する増税であり，所得が同じであれば扶養家族の有無にかかわらず税負担を等しくすることである。

　また，高所得層で基礎控除の適用をなくす方向が示された。基礎控除は全ての納税者に適用されるものであり，基礎控除の不適用は税負担の配分に影響が生じる。

　図6−4は，課税所得と税額の関係で控除の消失の効果を示したものである。

　課税最低限が50，それを超える所得（課税所得）には累進的な税率が適用される構造で，200以上の課税所得には40％（0.4）の限界税率が適用されるものとする[1]。そして，所得金額が350を超えると50の基礎控除が減額され始

---

1)　給与所得控除のような収入金額によって金額が変わる所得控除は考慮していない。

め，450で全てなくなるとする[2]。基礎控除の縮小は課税所得の拡大を意味することになる。もともとは，所得金額が350から450に増えると税額は40増加していたが，基礎控除の不適用によって課税所得が50増加することになる。つまり，所得が350から450に増えることで課税所得は150増加し，これに40％の税率で課税すれば増える税額は40ではなく60になる。したがって，所得350から450の間は限界税率が60％まで引き上げられるのと同じ効果を持つ。そして450を超えると再び限界税率は40％に戻る。また仮に50の範囲で50の控除を消失させるのであれば，所得金額350から400の間での限界税率は80％，400以上は再び40％ということになる。

　税率構造との関連で基礎控除の消失を説明すれば上記のようになる。また，350以上の所得層に対して追加的な税負担と読めば，350以上の所得について，図中の税額のグラフと破線の距離に相当する税額が付加的に課されていることになる。配偶者控除や扶養控除の不適用は，扶養家族のある者について同様の効果をもたらすものである。高所得層で人的控除を消失させる仕組みは海外でも導入されている例があるが，税制の複雑さが増すことは避けられない。

　高所得層に対する税負担増を累進税率表の引上げで行う方式も考えられるが，日本の最高税率は住民税と合わせれば55％と国際的に見れば高い水準にある。勤労意欲へのマイナスの影響や海外居住へのシフトの可能性を考慮すれば最高税率のさらなる引上げは難しい。2018年の改正によって高所得者の所得控除を制限することで，所得税の所得再配分機能の向上を図ることができるという考え方もできるが，分配構造全体では，それほど大きな再分配効果がもたらされるわけではない。所得税としての再分配という観点からは，分布がそれほど多くない高所得層のねらい打ちではなく，たとえば，最高税率はそのままにして課税所得の695万円以上の税率（現行23％）を少しずつ引き上げるといった抜本的な検討が必要である。また，所得税に期待される財源調達機能の改善を考慮するならば，さらに低い課税所得も含めた税率表の見直しも検討されてよい。

---

2)　一定の所得金額を超えると控除を全て不適用という形にすると，この水準をはさんで税引後所得に逆転が生じるため，段階的に消失する仕組みを考える必要がある。

6.2 金融所得課税

金融所得課税の現状

　日本では，総合課税を原則としながら金融所得の多くは分離課税の対象となっていた。近年は，金融商品が多様化する中で，その選択に対する中立性や負担の均衡化を目的として一体的な課税を目指すことになっている。

　表6－2は，2022年現在の金融所得に対する課税方式をまとめたものである。大きくは源泉徴収のみで課税が終了するものと，申告したうえで分離課税されるものとに区分される。申告分離も源泉徴収のみの課税もいずれも税率は所得税と住民税を合わせて20％での課税となる[3]。また配当等について所得税の申告不要を選択した場合には，所得税のみ20％[4]の源泉徴収となる。

表6－2　2022年の金融所得課税

利子所得	特定公社債の利子，公募公社債投資信託及び公募公社債等運用投資信託の収益の分配	申告分離課税（20％）又は申告不要（15％の所得税の源泉徴収）（5％の地方税の特別徴収）
	預金及び特定公社債以外の公社債の利子，合同運用信託及び私募公社債投資信託の収益の分配等（注） （注）①同族会社が発行した社債の利子でその株主である役員等が支払を受けるもの，②同族会社が発行した社債の利子でその役員等が関係法人を同族会社との間に介在させて支払を受けるものは，総合課税の対象となる。	源泉分離課税（15％の所得税の源泉徴収）（5％の地方税の特別徴収）
配当所得	公募株式投資信託の収益の分配等	・総合課税 上場株式等の配当等×10～55％（所得税5～45％，住民税10％）（配当控除適用可） ・申告分離課税 上場株式等の配当等×20％（所得税15％，住民税5％）のどちらかを選択（申告不要とすることも可）
	剰余金の配当，利益の配当，剰余金の分配等	上場株式等の配当（大口以外）等（注） （注）上場株式等の配当等のうち，大口株主（株式等の保有割合が発行済株式又は出資の総数又は総額の3％以上である者）が支払を受ける配当等は，20％源泉徴収（所得税）の上，原則として総合課税の対象。また，2023年10月1日以後に上場株式等の配当等の支払を受ける者で，その者を判定の基礎	

---

3) 所得税については，2037年まで東日本大震災の復興特別所得税（所得税額の2.1％）が課される。
4) 復興特別所得税を合わせると20.42％。

		となる株主として選定した場合に同族会社に該当することとなる法人と合算して発行済株式又は出資の総数又は総額の3%以上であるものについても同様となる。	
	上記以外		総合課税（配当控除） （所5〜45％，住10％） （20％の源泉徴収）（所20％）
		1回の支払配当の金額が，10万円×配当計算期間／12以下のもの	確定申告不要 （20％の源泉徴収）（所20％）
株式等譲渡所得	上場株式等 ・上場株式 ・ETF ・公募投資信託 ・特定公社債		申告分離課税 上場株式等の譲渡益×20％ （所15％，住5％） ※源泉徴収口座における確定申告不要の特例 源泉徴収口座（源泉徴収を選択した特定口座）を通じて行われる。 上場株式等の譲渡による所得については，源泉徴収のみで課税関係を終了させることができる。 ※上場株式等に係る譲渡損失の損益通算，繰越控除 上場株式等の譲渡損失の金額があるときは，その年の上場株式等の配当所得等の金額から控除可。
	一般株式等 （上場株式等以外の株式等）		申告分離課税 一般株式等の譲渡益×20％ （所15％，住5％）

備考）2013年1月から2037年12月までの時限措置として，別途，基準所得税額に対して2.1％の復興特別所得税が課される。

出所）財務省HP（https://www.mof.go.jp/tax_policy/summary/income/b06.htm#a01）より作成。

■ 金融所得の一体課税 ——損益通算

　金融所得についての一体課税では，税率の均衡化とともに，株式等の譲渡損失が生じた場合の損益通算と損失の繰越制度が拡充されている。**図6－5**は，金融所得の種類と損益通算の範囲を示したものである。

図6－5 金融所得の種類と損益通算

| 預貯金の利子 | 公社債等の譲渡益 | 公社債等の利子 | 上場株式等の配当（大口以外） | 上場株式等の譲渡益 | 非上場株式等の譲渡益 | 一時払い養老保険の差益 |

損益通算可

出所）財務省HP（https://www.mof.go.jp/tax_policy/summary/income/b06.htm）より作成。

■ 申告所得の税負担率

　図6－6は，2020年の申告所得税の負担率（所得税額／所得金額）を所得金額階級別に示したものである。申告所得は，基本的には自営業等による事業所得を中心として，2,000万円を超える給与所得者や，源泉徴収，年末調整では適用されない医療費控除等の申告をする給与所得者が中心であるが，申告分離を選択する金融所得の割合も大きくなっている。

　図6－6で，所得金額2億円をピークにして負担率が下がり始め，上位の階級では金融所得の申告分離課税の税率である15％に近づいていくのは，金

図6－6 申告所得の所得税負担率（2020年）

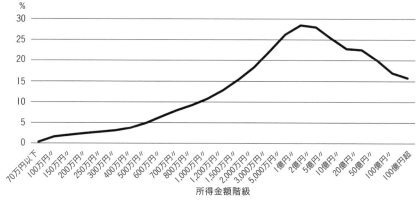

出所）国税庁『国税庁統計年報』（令和2年版）より作成。

融所得の割合が高くなってきていることを反映している。金融所得に関しては、アメリカ、イギリス、ドイツは分離課税[5]、フランスが分離課税と総合課税の選択制[6]である。

北欧の二元的所得税を含め、一般的には通常の税率表の最高税率よりも低い税率での課税が行われているが、日本の現状（所得税と住民税を合わせて20％）が適切かどうかについては、さらに検討が必要であろう。

6.3　年金課税

📖　年金税制

年金に関しては所得税の枠組みであっても、拠出時もしくは給付時のいずれかで課税する支出税方式（第7章参照）での課税になる。日本でも、拠出時の年金加入者の社会保険料は所得控除の対象となり、雇用主負担分も課税対象から外れており、給付時課税が原則となっている。日本では、1987年まで年金に対しては給与所得控除が適用されていた。これは、年金が現役時代の給与の後払いとみなされていたことが理由とされた。

65歳以上の高齢者には老年者年金特別控除も適用されていたことから若年層に比べて課税最低限が高く、実質的には年金の大部分が課税ベースから外れていることに批判が集まる。そして、1988年からは年金の所得区分は雑所得に変更され、給与所得控除に代えて公的年金等控除が創設される。年金に関しては、その収入額から公的年金等控除を差し引いた金額が所得金額となる。公的年金等控除はその後変更が加えられ、2022年現在の算出方法は**表6－3**の通りである。公的年金等控除は年齢に応じて最低保障額が定められており、また、給与所得控除と同様に収入額が高くなると控除割合が下がる構造になっており、上限が定められている。

---

5) 税率は、アメリカが0％、15％、20％の3段階＋州・地方税、イギリスが10％、20％の2段階、ドイツが26.375％（2018年1月、財務省資料（https://www.mof.go.jp/tax_policy/summary/income/kabu04.pdf））。
6) 税率は分離課税が30％、総合課税が17.2％～62.2％（同上）。

表6-3　公的年金等控除

[2019年まで]	[2020年以降]
[①+②] 又は③の大きい額 定額控除 50万円 定率控除 （定額控除後の年金収入） 360万円までの部分 25％ 720万円までの部分 15％ 720万円を超える部分 5％	[①+②] 又は③の大きい額 ①定額控除 40万円 ②定率控除 （50万円控除後の年金収入） 360万円までの部分 25％ 720万円までの部分 15％ 950万円までの部分 5％ 上限 155万円
最低保障額 65歳以上の者 120万円 65歳未満の者 70万円	③最低保障額 65歳以上の者 110万円 65歳未満の者 60万円

注）2020年以降は，年金以外の所得が1,000万円超の者は10万円，2,000万円超の者は20万円，控除額を引き下げる。

　ただし，給与所得控除とは異なり，年金収入から定額控除（2022年50万円）が差し引かれ，定額控除後の金額に控除率が適用される。また，2020年以降，給与所得控除の引下げと基礎控除の引上げが実施されたことと併せて，年金収入に関しても同様の措置が講じられた。公的年金等の収入が1,000万円を超えると公的年金等控除は195.5万円が上限となる。そして，年金以外の所得が高額の者についてはさらに公的年金等控除が引き下げられ，年金以外の所得が1,000～2,000万円は10万円，2,000万円超の場合は20万円，それぞれ公的年金等控除が引き下げられる。

■ 公的年金等控除と給与所得控除

　高齢者が受け取る年金は給付時課税を原則としながら，給与所得と同様の控除が適用され，そして公的年金等控除へと移行してからも，現役世代の給与所得者と同等の控除額が適用されている。図6-7は，単身の給与所得者と年金収入者，それぞれに適用される給与所得控除もしくは公的年金等控除と基礎控除の合計を比較したものである。

　収入額180万円では，最低保障額の大きさ（65歳以上110万円）によって年金収入者のほうが控除額が大きくなっている。収入額360万円ではほぼ同額，そして660万円では給与所得者のほうが控除額が大きくなる。

　2020年度の年金給付総額は56兆円，そして受給者の実人数は約4,000万人

図6-7 給与所得控除と公的年金等控除の比較

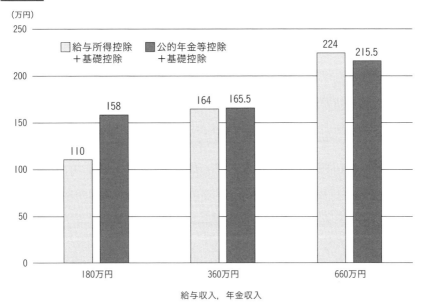

（万円）

注）年金収入者は65歳以上。

であるから単純平均をすれば1人当たりの受給額は約140万円，そして厚生年金の受給者を見れば平均的な受給額は約175万円であり，この水準の年金額では給与所得者よりも控除額が大きくなっている[7]。

　年金所得に対する課税の状況を明確にすることは難しいが，一定額を超える年金は所得税の源泉徴収の対象になっており，この源泉徴収対象額については『国税庁統計年報書』に示される。2020年のこの金額は33.0兆円で源泉徴収税額は2,917億円，比率は0.88％である。

　年金に対する課税について，給付時課税を原則とするのであれば，給付時に「給与所得獲得の経費の概算控除」と位置づけられる給与所得控除と同程度の控除を認めることは過大な控除になり，結果的に年金受給時の課税は空洞化する。年金を主な収入とする高齢者について，人的控除のみの適用にと

7）　厚生労働省「令和2年度　厚生年金保険・国民年金事業の概況」（https://www.mhlw.go.jp/000925
　　808.pdf）による。

どめれば年金収入に対する給付時課税は実現することができる。しかしながら，人的控除だけでは給与所得者に適用される課税最低限を大きく下回ることになってしまう。年収の等しい給与所得者と年金生活者の間でのバランスを考慮する限り，年金に対する特別な控除は必要ということである。

　他方，年金収入に対して課税最低限を維持するための特別な控除の設定は，年金以外に所得がある人と，給与もしくは年金のみしか持たない人との間にアンバランスを引き起こす。先の図で示されるように，給与もしくは年金の収入額が360万円であれば約160万円の控除額となる。これに対して，給与収入が180万円，年金収入が180万円で合計360万円の人は［110万円＋158万円－基礎控除48万円＋所得金額調整控除10万円］より230万円が控除される。つまり，同じ収入であってもその構成によって，課題所得にカウントされる金額が異なるということである。高齢者にとっても働き方の多様性が増していく中で，年金収入をどのように課税していくかは重要な課題である。公務員などサラリーマンの定年年齢の引上げが検討されるようになっている。一方，2022年4月には，年金の繰下げ受給の上限年齢の引上げとともに在職老齢年金制度の見直しが行われた。

　高齢者層の勤労の拡大は，年金支給の抑制という税制とは異なる課題への対応策となるが，望ましい税制のあり方も含めた総合的な検討が必要ということである。

第7章 消費課税論

　日本では1989年に一般的な消費課税である消費税が導入された。それに先立ち，ヨーロッパ諸国では，付加価値税という名称の消費課税が導入されている。本章では，さまざまな消費課税の形を示すとともに，その利点と問題点を考察する。

7.1　課税ベースとしての消費

■ 消費は担税力か

　経済主体の間での税負担配分を決めるための課税ベースとして所得，消費，資産がある。ただし，第3章で見たように，応能原則に基づいて公平を考える際には，所得を基準にして累進性や逆進性が評価される。消費は所得もしくは所得からの貯蓄を取り崩して行われるものであり，それを担税力の基準とすることには一定の合理性がある。

　担税力が等しければ同じ税負担という水平的公平，担税力が高ければ大きな税負担という垂直的公平は，いずれも消費を基準にした比例的な課税であっても充たされる。しかしながら，所得に占める消費の割合は，高所得層になるほど低く，その消費に一定割合で課税する日本の消費税は，所得に対する負担で見れば逆進的な構造になる。消費に対する課税は，担税力を所得とみなせば逆進的，消費を担税力とみなせば比例的な負担であり，公平かどうかの判断も，どちらを基準に考えるかということに依存する。

■ 生涯を通じた消費

通常1年の課税期間では，所得は消費と貯蓄に分けられ，所得が高くなるにつれて消費の割合が低くなることから税負担が所得に対して逆進的になる。ただし，これは課税期間の所得に対する負担である。一般に消費と所得を比較すると，特に所得に変動性のある所得が含まれる場合には，所得よりも消費のほうが安定的に推移する。

また，貯蓄とは将来の消費のことであり，死亡時に遺産を残すことを別にすれば生涯を通じた所得の合計額と消費の合計額は一致することになる。このように考えると，消費課税を生涯を通じて見ると誰もが所得に対しても同じ比率での負担ということになり，逆進性の問題は生じない。

7.2 消費課税の分類

■ 個別消費税と一般的消費税

一般に，消費に対する課税は税の負担者と納税義務者が異なる間接税であり，課税の方式についてはいくつかに分類される。大きくは，課税対象を税法の中で列挙する個別消費税（間接税）と，原則として全ての財・サービスを課税対象とする一般的消費税（間接税）とに分けられる。一般的な消費税では，課税から除外するものがある場合にはその品目が列挙されることになる。

個別間接税としては，酒，たばこといった嗜好品には日本をはじめとして多くの国で課税が行われている。また，ガソリンやプロパンガスなどエネルギー関連の製品に対する課税もある。日本で1989年に消費税が導入されるまで課税されていた物品税も比較的規模の大きな個別間接税であった。物品税は，シャウプ勧告時に，累進的な所得税を補完する意味で，高所得層が購入するぜいたく品が課税対象となっていた。しかしながら，経済的な発展をとげた1980年代には，消費の多様化とともにぜいたく品の区分が曖昧になり，また経済のサービス化が進む中で物品税での対応ができないことから，一般

的な消費課税への移行が求められるようになる。そして，これが，消費税導入を含む税制改革へとつながっていく。

■ 一般的消費税

　広く一般的な消費支出に課税する方式は，経済活動の中でどのタイミングで課税するかで区分ができる。消費財が最終消費者の手に渡るまでには，製造から流通までのさまざまな経路を通る。一般的な消費に対する課税は，この経路のどこかで一度だけ課税する単段階課税と，全ての段階で課税する多段階課税とに分類される（**図7－1**）。

　単段階の課税は，製造段階，卸売段階，そして小売段階に分けられる。日本の物品税は製造段階か流通段階のどこかで課税されていた。また，アメリカの各州で実施されている sales tax は，サービスも含めた小売売上税である。

　一方，多段階の一般消費税は各段階の税が累積していく累積型の課税と，前段階の税額を控除することで累積を避ける非累積型の課税とに分けられる。前者は，ヨーロッパで付加価値税が導入される前に実施されていた取引高税で，後者は日本の消費税も含めた消費型の付加価値税である。多段階の消費課税は納税義務者が最も多く，簡素という側面からは単段階の課税のほうが優位さはある。

　しかし，全ての消費支出に例外なく課税することで，低税率でも大きな税収が確保される。また，課税の運用上課税漏れが生じても，その前後の取引は課税対象となっているため，全ての税が失われるわけではない。

図7－1　一般的な消費税の分類

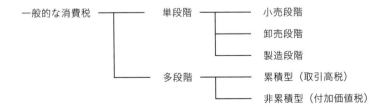

■ 累積型と非累積型の消費税

　累積型と非累積型の消費課税の比較は，簡単な数値例を用いるとわかりやすい。

　今，**表7-1**に示したような経路で，最終消費者が購入する取引きを想定する。各事業者は，仕入れにそれぞれの所得となる付加価値を上乗せして販売し，消費者は600で購入する。これは，各段階の付加価値の合計に等しい。

　税率10％の累積型の取引高税が導入されると，各取引きは**表7-2**のような状況になる。仕入れに際して税が上乗せされることになる卸売と小売の段階では，課税前と同じ付加価値（粗利益）を確保するために，仕入れに含まれる税を販売価格に上乗せをする。卸売業者はもともと300で販売していたものを310で売ろうとし，31の税が上乗せされる。小売業者も同様に，税込みの仕入れが341となり，課税前と同じ付加価値を加えた641で販売し，さらに64.1の税が発生する。この時，卸売業者の税31のうち1は製造業者にかかる税額10に対する税であり，小売業者の税64.1のうち4.1は卸売業者からの仕

表7-1　課税前の取引き

	製造業者	卸売業者	小売業者	消費者
仕入れ	0	100	300	600
売上げ	100	300	600	
付加価値	100	200	300	

注）1. 製造業者の仕入れは考慮しない。
　　2. 消費者については購入価格。

表7-2　累積型（取引高税）

	製造業者	卸売業者	小売業者	消費者
税抜き仕入れ	0	100	310	641
税込み仕入れ	0	110	341	705.1
税抜き売上げ	100	310	641	
税込み売上げ	110	341	705.1	
税（納税額）	10	31	64.1	負担額 105.1

注）表7-1と同じ。

入れのうち41（製造業者の税10と卸売業者の税31の合計）に対する税である。

　結果的に消費者が負担する税は105.1となり，もともとの価格である600に対して17.5％の税を支払うことになる。累積型の課税では，税に対する課税（tax on tax）が生じることになり，流通経路の段階数が多いほど累積の度合は強くなる。そのため，取引高税を導入していた国では，企業統合によって取引回数を減らす行動が生じるなど，中立性の点から問題が指摘される。

　このような税が累積することによる問題に対応するために，ヨーロッパでは非累積型の付加価値税が導入されるようになる。1989年に日本で創設された消費税も同じ付加価値税である。先と同じ取引での付加価値税の状況を示したのが**表7－3**である。

　税の累積をなくすためには，各事業者の付加価値のみに対する税額を算出すればよい。つまり，各事業者の税額は，付加価値×税率で算出される。これは以下のように求められる。

> 税額＝付加価値×税率
> 　　＝（税抜き売上げ－税抜き仕入れ）×税率
> 　　＝（税込み売上げ－税込み仕入れ）×税率／（1＋税率）
> 　　＝売上げにかかる税額－仕入れにかかる税額

この式で示される税額はいずれも等しく，各事業者の納税額を表している。

　一般に消費型付加価値税の各事業者の納税額は，売上げに対する税から仕入に対する税を控除することで算出される。その方式には，税額票方式と帳簿方式とがある。前者は，取引きの都度，売手が売上げに対する税額を記

表7－3　非累積型（消費型付加価値税）

	製造業者	卸売業者	小売業者	消費者
税抜き仕入れ	0	100	300	600
税込み仕入れ	0	110	330	660
税抜き売上げ	100	300	600	
税込み売上げ	110	330	630	
税（納税額）	10	20	30	負担額 60

注）表7－1と同じ。

した税額票を発行し，仕入れた側は前段階税額控除をこの税額票に記載された金額から算出するもので，ヨーロッパで行われている方式にならって，インボイス（仕送状）方式とも言う。帳簿方式は，仕入れに対する税額を上記の式で示されているように，税込みの売上げに［税率／（1＋税率）］を乗じて算出するもので，日本の消費税はこの帳簿方式が採用された。

付加価値税の分類

　間接税としての消費課税の類型として，日本をはじめとして多くの国で採用されているのが消費型付加価値税であるが，付加価値税にはこの他に，GDP型，所得型という区分もある。GDPは付加価値の合計であり，投資のうち減価償却部分を差し引いたものが国内純生産で，分配面で見れば国民所得となる。GDPを支出面で捉えれば，消費と投資，そして政府支出に分けられ，消費型付加価値税は，付加価値（所得）のうち消費支出のみを課税ベースにしたものである。

　表7－3で消費型付加価値税は，仕入れに対する税額を控除することで納税額を算出する。企業の取引きにおいて，投資財の購入も仕入れと同じように前段階税額控除の対象とすることで，経済全体としては付加価値のうち消費に相当する部分だけを課税ベースにしているのが消費型付加価値税である。

最終負担者としての政府

　消費型付加価値税の基本は消費課税であり，消費者以外の事業者は売上げに転嫁することで自らは負担を負わない。しかしながら，政府支出による物品の購入や公共事業の支払いに課される消費税については，政府は転嫁する売上げを持っていない。

　つまり，消費税に関しては，政府は最終負担者になる。消費税のような間接税の導入や税率引上げにあたっては，この政府の最終負担と予算編成をどのように関連づけるのかは重要なポイントである。

7.3 グローバル化と電子化

　経済のサービス化は物品税での対応を困難にし，付加価値税はそれに対する1つの解決策であった。しかし，経済は国境を越えた広がりを持つようになり，技術進歩は取引きを複雑にする。消費課税は通常，消費地で課税する仕向地主義が採用される。付加価値税も同様で，輸出免税と消費地での課税が原則である。

　付加価値税が最初に普及したヨーロッパでは税率や課税対象にばらつきがあり，統一を目指す取組みが行われる。その中で，EU各国の国境で付加価値税の消費地課税を実現するように試みが進められた。しかしながら，その後EUの統合によって，EU内の国境調整は必要なくなり，EUの付加価値税の国境調整はEU域外との間で行われるようになる。

　付加価値税のような消費に対する間接税は幅広い消費支出を課税対象にすることができるが，他国からの個人の通信販売による購入，とりわけ財の移動を伴わない電子データやサービスについては弱点がある。たとえば，電子データによる音楽やソフトの購入，電話やインターネットによる相談やコンサル業務の取引きは最終消費者が税負担を負うべきものであるが，本来納税義務者となる事業者が国外に立地している場合には価格に上乗せして納税するという手続きを踏むことが難しい。

　2国間で多くの取引きがあれば，国外の事業者であっても当該国の課税事業者と位置づけることも考えられるが，特にインターネットを通じたサービスの場合は，そもそも事業者の立地を特定化することも困難である。所得の獲得の形態が複雑化し，所得や資産の国際的な移動も進む中で，付加価値税の導入は税収確保と課税の適正化に向けた大きな方向を示したことになるが，現実経済の動きはさらなる対応を必要とするものとなっている。

7.4 直接税としての消費課税 ——支出税

　これまで消費課税は，消費財の購入価格に含まれる間接税を前提としてきた。これに対して，1年間の消費総額の申告に基づいて課税する直接税とし

ての消費課税である支出税が検討されることもある。古くは，イギリスの経済学者カルドアが『総合消費税』(general expenditure tax) [1] の中で提唱し，その後，イギリスの『ミード・レポート』等でもその具体的な仕組みが検討された。いずれも，所得ではなく，消費支出に対して累進的な税率を適用するものである。所得ではなく消費を課税ベースとすることの主な根拠は，貯蓄を課税ベースから外すことで資本蓄積を促進し，成長へと結びつけることであった。

　課税標準とする消費は，消費額を直接算出するか，所得から貯蓄の純増額を差し引いて消費支出を求めるか，いずれかの方法で正確に求めなければならない。しかし，各個人が1年間を通じて消費額を正確に記録することは困難であり，所得と貯蓄から算出するためには両方を把握しなければならず，これは所得税よりも情報量は大きくなる。そのため現実に制度化することは難しく，一時的に，インドやセイロン（現在のスリランカ）で実施されたことがあるだけである。

---

1)　ニコラル・カルドア著，時子山常三郎監訳 [1963]『総合消費税』(東洋経済新報社)。

第8章 日本の消費税

本章では，日本の基幹的な税目の中で最も新しい税である消費税について，その仕組みと問題点について論じる。

8.1 納税義務者と課税方法

■ 消費税の創設

1980年代から世界的な潮流となった税制改革は日本でも検討される。日本では，所得課税の累進性の緩和と"広く薄い税負担"の実現が課題となり，間接税については，それまでの物品税を中心とした個別間接税から一般的な消費課税を柱とする体系への移行が検討された。

1986年の政府税制調査会では，一般的な消費課税として①製造業者売上税，②事業者間取引きを免税とする単段階の小売（サービス）売上税，③前段階税額控除方式の付加価値税，の3種類が検討される[1]。そしてこのうち，一般的な消費課税としては，ヨーロッパで採用されていた付加価値税を参考に，消費型付加価値税が提案される。1987年には売上税の名称で国会審議が行われるが，審議未了で廃案となる。その後，所得税，法人税の減税と並行して1989年に税率3％の消費税が導入される。

■ 消費税法に基づく課税方式と税額の計算

日本の税制は，租税法律主義の下，税法もしくは条例の規定に従って運用

---

1) 政府税制調査会『税制の抜本的見直しについての答申』（1986年10月）。

される。消費税も，消費税法によって課税ベースや税率，納税額の計算が規定される。

消費税法では，課税対象は，「国内において事業者が行つた資産の譲渡等」（消費税法第4条）とされ，基本的には全ての取引きが課税されると規定する。そのうえで，「当該課税期間中に国内において行う課税仕入れに係る消費税額」（消費税法第30条）を控除することで，納税額を算出する。この2つの規定によって，売上げに対する税額から仕入れに対する税額の控除を行い，付加価値税の課税を実現している。

また第2条で，課税仕入れを「事業者が，事業として他の者から資産を譲り受け，若しくは借り受け，又は役務の提供を受けること」と定義している。これによって前段階税額控除の対象となる仕入れは，付加価値をつける原材料だけではなく，投資財も含めた資産の購入となり，消費税の課税ベースが付加価値（GDP）から投資を除外した消費支出となる。

消費税は，原則として全ての取引きを課税対象としつつ，非課税項目が定められている。その中で，「消費に負担を求める税としての性格から課税の対象としてなじまないもの」[2]として，「土地の譲渡及び貸付け」「有価証券等の譲渡」「紙幣や小切手などの支払手段の譲渡」「預貯金の利子や保険料」，「郵便切手や商品券の譲渡」「外国為替業務に係る役務の提供」「政府による行政手数料」が挙げられている（消費税法第6条および別表第一）。

土地や有価証券の譲渡に関しては，それによって生じるキャピタルゲインはGDPとなる付加価値を構成しない。また預貯金等の金融取引や為替取引，行政手続は消費支出には当たらない。そして切手や小切手は取引手段の交換にすぎない。これらの非課税規定はいずれも，消費に負担を求める消費型付加価値税としての性格を実現するものである。

他方，輸出に関しては，第8条において，「輸出物品販売場を経営する事業者が非居住者に対して行う物品の譲渡については，消費税を免除する。」と規定し，仕向地原則に基づく課税を実現している。

このように，消費税法の規定は，消費税の課税対象や範囲，各事業者が納

---

2) 国税庁「タックスアンサー」より。

税すべき消費税額を算出するための方法，課税期間などを定めている。なお，消費税法の中では"付加価値"や"付加価値税"という用語は用いられていないが，上記のような経緯から，消費型付加価値税の導入のために設けられた規定であると言える。

納税額の算出 ——前段階税額控除

消費税の納税義務者である各事業者の納税額は，売上げに対する税額から仕入れに係る税額を差し引いて算出される。これを前段階税額控除と言うが，その方式には，日本の消費税が採用してきた"帳簿方式"とヨーロッパで採用されている"インボイス方式"とがある。

日本の帳簿方式では，税込みの仕入額に［税率／（1＋税率)］を乗じて算出される。一方，インボイス方式では，取引きの都度，販売者（納税義務者から見れば仕入れ先）がその売上げに対する税額を記載したインボイス（仕送り状，税額票）を発行し，事業者はインボイスに記載された税額を集計して税額控除の金額を求める。

後述のように，日本では2023年10月から前段階税額控除のためにインボイス制度が導入されることになった。

消費税の税率

消費税は導入時（1989年)，3％の税率で創設された。その際，物品税をはじめとする国税の間接税とともに電気税・ガス税など地方の間接税が廃止された。それを置き換えるために，消費税の一部は地方譲与税として地方に配分されることになる。

1988，89年の税制改革では，所得税のフラット化を進める所得税減税と併せて消費税が創設されたが，1990年代も依然として所得税のフラット化を目指す動きがあり，1995年に税率表の引下げによる所得税減税が実施される。しかし，当時のバブル崩壊後の経済低迷という状況下で，消費税率の引上げの実施は2年後（1997年4月）とするよう計画される。1997年の税率5％への引上げと同時に，それまでの消費税からの地方譲与税に代えて，地方消費税が創設される。したがって，厳密には消費税率は4％に引き上げられ，消

費税を課税標準として税率25％，つまり１％分の地方消費税が上乗せされることになった。この地方消費税は国の消費税とともに国に納付された後，各都道府県間で清算が行われる。

　続く８％への税率引上げは，民主党政権下であった2012年に決定され，2014年４月に実施された。そして2019年10月に標準税率10％への引上げが実施され，同時に食料品等への８％の軽減税率が設けられた。国の消費税と地方消費税に分けると，消費税が7.8％（軽減税率分は6.24％）で地方消費税は消費税の22／78の2.2％（同1.76％）となっている。

　したがって各事業者の標準税率での消費税額の計算は，売上げに対するものが，

$$税込み売上げ×[7.8／（100＋7.8）]$$

で求められ，税額控除は，

$$税込み仕入れ×[7.8／（100＋7.8）]$$

で算出される。この差額，つまり，

$$（税込み売上げ－税込み仕入れ）×[7.8／（100＋7.8）]$$

が消費税の納税額となる。そして地方消費税は，

$$消費税額×22／78$$

で算出される。

■ 社会政策的配慮に基づく非課税

　消費税の非課税は，上記の消費課税の性格上なじまないものの他に，"社会政策的な配慮に基づく"非課税も設定されている。1989年の創設時には，その直近に提案された売上税が"大型間接税"との批判に対応するため，非常に多くの非課税品目が設定されていたことを受けて，税率を３％に抑え，非課税はできる限り制限的なものとされた。

　創設時の社会政策的な配慮に基づく非課税は，「社会保険に基づく医療」

「社会福祉事業法に規定する第一種社会福祉事業等」「一定の学校の授業料，入学検定料」のみであった。その後，1991年の改正で，「第二種社会福祉事業及び社会福祉事業に類する事業」「一定の学校の入学金，施設設備費，学籍証明等手数料」「助産費用」「埋葬料，火葬料」「身体障害者用物品の譲渡，貸付け等」「教科用図書の譲渡」「住宅の貸付け」が追加された。

　日本の消費税における非課税は，その仕入れに含まれる消費税を税額控除することはできないために，コストに含まれる消費税分は価格に上乗せされる。したがって，消費税がない場合に価格が等しい課税品目と比較して，消費税全額分が安くなるわけではない。ただし，学校の授業料やアパートの家賃など，非課税と認識されているものを消費税の引上げ時に値上げすると，「便乗値上げ」との批判も受ける可能性もあり，その対応は難しい側面もある。

■ 小規模事業者に対する考慮

　消費税は，各事業者が売上に対する税から仕入に含まれる税を控除して納税額を算出する。この事業者にとって増大する事務手続の簡素化のために，消費税を創設するにあたり，特に中小事業者に対する納税額の計算の特例と納税義務を免除する措置が講じられた。導入当初は，年間の課税売上高が3,000万円以下の事業者は納税義務が免除された。この小規模非課税事業者も，その仕入れには消費税が含まれていることから価格に消費税分を上乗せすることは認められており，本来の納税額の部分が"益税"として事業者の手元に残ることになる。そして，売上高が3,000万円超6,000万円未満の事業者については納税額を減額する限界控除制度も設けられていた[3]。その後，限界控除制度は1997年に廃止され，2004年の改正では免税事業者の売上高上限が1,000万円まで引き下げられた。

　もう1つ，中小企業者への特例の大きなものは"簡易課税制度"である。消費税は前段階の税額控除を仕入額から算出する仕入控除方式が採用された。

3）　免税事業者の3,000万円の売上げを超えると消費税の納税義務が生じるため，その納税額を段階的に軽減する仕組みとして設けられた。軽減額は，本来の納税額×（6,000万円－売上げ）／3,000万円で求められる。1991年改正で適用は5,000万円未満に引き下げられる。

仕入れは帳簿に記載されたものから算出することになるが，簡易課税制度では，業種ごとに売上げの一定割合を仕入れとみなして前段階税額控除を算出する。消費税の導入当初は課税売上高が5億円以下の事業が簡易課税制度を選択することができた。みなし仕入率は，80％もしくは90％と高く，実際の売上げに占める仕入れの割合がみなし仕入率よりも低い場合には，実際の仕入れに含まれる税額よりも税額控除される金額のほうが大きくなり，"益税"が発生することになる。

　簡易課税制度については，"益税"に対する批判も強く，数次の改正を経て，2004年からは適用される事業者は課税売上高5,000万円以下にまで引き下げられた。また，みなし仕入率を業種に応じて40％から90％まで6段階に設定することで，実際の仕入率との乖離から生じる益税が発生する余地はかなり縮小されている。

8.2　消費税の逆進性

■　消費税負担の逆進性

　所得に対する消費の割合が高所得者ほど低くなることから，消費支出に対して一定税率で課税する間接税の負担を所得を基準として捉えれば，必然的に逆進的な負担構造になる。物に対する課税である限り，このような低所得

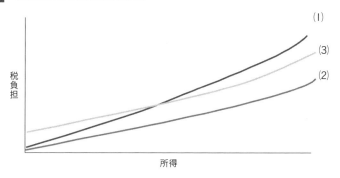

図8-1　税制改革による税負担の変化

者ほど所得に対する負担率が高くなることは避けられない。酒税もたばこ税も逆進的な構造を持つ。

　一般的な消費税導入の検討が始まった1970年代，そして1980年代の消費税導入に至る間接税の議論の中でも逆進性は主要な検討テーマであった。ただし1980年代の消費税導入を含む税制改革は，高度成長から安定成長期を経て，平均的な所得が上昇し，分配状況の平準化が進んできたことを背景として，間接税の見直しとともに所得税の累進性を緩和し，生涯を通じた家計の税負担のフラット化が大きな目標とされた。そのため，消費税の逆進性も所得税と合わせた全体的な負担構造の中で取り上げられることになった。税負担のフラット化という場合，**図8−1**の(1)から(2)のように全体の税負担を引き下げて実現できればよいが，1980年代には財政赤字も拡大している中で，税体系全体の見直しで税収中立を目指した。1988・89年の税制改革では，所得税の累進性の緩和と一般的な消費税の導入によって，図8−1で示される負担構造は(1)から(3)にシフトする。生涯を通じた税負担のフラット化は，若年期と老年期の負担を引き上げて，年間所得が高くなる壮年期で引き下げることで実現される。所得階層で見れば低所得層の負担が上昇することになるが，

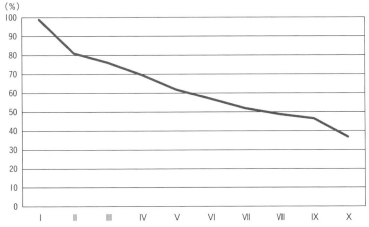

図8−2　年間収入に対する消費支出の割合（2021）

備考）各分位の平均年間収入は表8−2参照。
出所）総務省統計局『家計調査』（2021）より作成。

改革後も税負担全体の累進性は確保される。その意味では全体の負担配分において消費税の逆進性は織込み済みとみなすこともできる。しかしながら，その後の消費税の引上げ時には，その逆進性や低所得層への配慮が大きく取り上げられる。

1997年度には，低所得者対策として総額で1,000億円の臨時的給付が行われた。2014年度も同様に3,000億円（給付対象者1人当たり1万円）の給付が行われた。

消費税率8％から10％への引上げは，経済環境を理由に当初の計画から延期が繰り返されたが，2019年10月に実施された。これまでと同様に，その負担の逆進性は議論のテーマとなり，軽減税率や給付を巡って検討が続けられる。

図8−2は，『家計調査』を用いて，全世帯・2人以上の世帯の年間収入に対する消費支出の割合を示したものである。年間収入に対する消費支出の割合は，所得が上昇するにつれて低くなる。つまり，分子の消費支出に対して一律に課税される消費税の年間収入（所得）に対する負担率は年間収入が高いほど低い逆進性を示すことになる。

■ 負担の逆進性への対応 —— 軽減税率と給付

消費税率の引上げに関連して，逆進的な消費税の負担に関してどのような対応をすべきかという点が大きなテーマとなっている。この対応には，"逆進性の緩和"という言葉が使われたり"低所得層への配慮"と言われたりで，その目的自体いろいろな捉え方があるが，具体的な方法としては給付による対応と軽減税率の採用が候補として挙げられる。

軽減税率は，標準税率の他に品目によってそれよりも低い税率を設定することで，逆進性の緩和策としてヨーロッパの各国で導入されている。日本でも，一般的な消費課税の議論の当初から選択肢の1つとして検討されてきた。

表8−1は，ヨーロッパのいくつかの国における付加価値税率と軽減税率を示したものである。標準税率はドイツの19％を除いて20％以上で，デンマークを除き何らかの軽減税率の措置がある。食料品については，ドイツは7.0％，フランスは5.5％，イタリアは4.0％，スウェーデンは12.0％，そして

表 8 - 1 2022年1月現在のEU諸国（抜粋）の付加価値税率と食料品に対する軽減税率

	デンマーク	ドイツ	フランス	イタリア	スウェーデン	イギリス
標準税率	25.0	19.0	20.0	22.0	25.0	20.0
軽減税率	－	7.0	5.5	4.0	12.0	0

出所）財務省『消費税に関する基本的な資料』（https://www.mof.go.jp/tax_policy/summary/consumption/d04.htm#a09)。

イギリスは０％（ゼロ税率）が適用されている。

　軽減税率の設定には賛否両論があり，それぞれに根拠はある。言うまでもなくその導入の主張は負担の逆進性の緩和である。上記のように消費に対する税は所得を基準にすると逆進的な負担構造となり，その理由は所得に対する消費の割合が低所得者ほど高くなるためである。この傾向が強いのは，食料品などの必需的な消費項目であり，この部分の税負担を引き下げることで逆進的な傾向は緩和される。逆進性の観点からの軽減税率への反論は，その効果に対する疑問である。つまり，逆進性は緩和されるものの，解消はできないという点である。また，たとえば食料品を軽減した場合でも高所得層も食料品を購入し，高級な（必需的ではない）食料品が存在するという点も，低所得者対策としての軽減税率の効果に疑問を生じさせる。さらに，仮に20兆円の課税ベースを軽減税率の対象にすれば，軽減税率１％分で2,000億円，５％であれば１兆円の税収減となり，税収を確保するためには基本的な税率を引き上げる必要が生じる。

　年間収入別に見ると，消費支出の金額そのものは収入階級が高いほど多くなる。しかし，その増加の仕方が所得よりも小さいことから消費税負担の逆進性が生じる。この傾向は食料品でも同じであり，所得の増加に伴う食料消費支出の増加の度合が消費支出全体の増加の度合よりも小さい。**表 8 - 2** は，2021年の『家計調査』より，十分位の年間収入別に消費支出，食料，光熱・水道の支出額と指数を示したものである。年間収入は，最高位の階級Xの階級Ⅰに対する指数が703と７倍である。それに対して消費支出は261と３倍以下である。図 8 - 2 で示されたように，これが消費全体に係る消費税の所得に対する負担率を逆進的なものにしているのであるが，食料は190とその消費税負担は消費全体よりも逆進的な構造を持っていることがわかる。

表 8 − 2 　『家計調査』に見る，平均収入と食料，光熱・水道の支出（2021）

単位：万円

十分位	I	II	III	IV	V	VI	VII	VIII	IX	X
年間収入	209	301	359	421	491	571	664	781	949	1,470
（指数）	100	144	172	201	235	273	318	374	454	703
消費支出	206.5	243.8	272.9	292.7	303.4	324.8	344.2	379.9	440.3	539.8
（指数）	100	118	132	142	147	157	167	184	213	261
食料	66.6	75.3	80.1	85.6	85.9	89.9	94.8	98.2	106.4	126.3
（指数）	100	113	120	129	129	135	142	148	160	190
光熱・水道	22.5	24.1	24.3	25.6	25.8	25.8	26.3	26.5	28.4	29.1
（指数）	100	107	108	114	115	115	117	118	126	129

出所）総務省統計局『家計調査』（2021年）より作成。

　表ではもう１つ，生活に欠かすことのできない光熱・水道費の金額も示した。光熱・水道費の指数は129で，年間収入の水準にかかわらずそれほど支出額が異なるわけではなく，その負担構造は食料費よりもさらに逆進的なものになる。食料品に対する軽減税率では，生活用水に用いられる上水道や下水道，電気，ガスといったエネルギー費用は対象外になっているが，逆進性対策としては食料品よりも光熱・水道費の軽減のほうが効果は高いと言える。税率操作による逆進性への対応については，さまざまな可能性を含めて検討を続ける必要があろう。

　一方，給付での対応をするほうが望ましいという意見はこの軽減税率への反論から生じる。つまり，税制の中立性という観点からは，消費支出には一律に課税することが望ましく，軽減税率にともなう税収減，事務手続の煩雑さに加えて，逆進性の完全な解消にはつながらないといった点である。ただし，給付であっても，低所得者の消費税負担を相殺する給付か一部のみにとどめるのかというような程度の問題は残される。また，フローの所得は低くても，大きな資産を保有する人もいる状況の下で，何を基準に給付を実施するのかを決めることは複雑で，仮に決めたとしてもそれを正確に捕捉することが大きな課題となる。軽減税率の場合は課税庁の対応は事業者に対するものになるのに対して，給付を制度化して公正に進めるためには，家計ごとの対応が必要になるという点でも，必ずしも軽減税率よりも簡素というわけで

はない。

1997年度の税率引上げ時には総額1,000億円の低所得層への臨時的な給付が行われ，2014年の引上げ時にも，総額3,000億円程度の臨時的な給付が実施された。これは簡素な給付措置とされ，生活保護世帯を除く住民税の非課税者と年収960万円（子供2人の夫婦）以下の世帯を対象としたもので，1人当たり10,000円の支給が行われた。10,000円というのは，消費税の引上げ3％分とみなすならば，年間33万円の消費支出について消費税負担を相殺することを意味する。

日本で消費税が導入された際の税制改革は，上述のように広く薄い負担配分として低所得層にも"ある程度"の税負担を求めることがその目的であり，もともと，低所得層には負担を求めない仕組み作りが目指されたわけではない。しかしながら同時に，消費税は個人の事情に応じた課税最低限のない税制であり，課税ベースは消費行動全ての支出である。したがって，軽減税率の実施は，消費という生活上の経済活動の内容に応じてどこまで税負担を求めるのかという判断をすることにつながる。

8.3　消費税額の算出

🔲　価格表示

一般的な消費課税において，アメリカのような小売売上税は消費者が購入する時のレシートに商品価格と税額が明示される。一方，ヨーロッパの付加価値税は一般に税込みの総額表示で，買い物の都度税額が書かれるわけではない。日本で消費税が導入される前には税額の表示についての検討があり，結果的には税額を明示する，いわゆる"外税方式"が採用された。その後，消費税率の引上げに際しては，税額を含めた総額表示である"内税方式"へと移行するが，2019年には10％への引上げが実施され，2021年4月以降は，消費税（含む地方消費税）額を含んだ価格を明記する総額表示が義務づけられた。方式に移行する方針が示されている。

消費税導入時には，税に対する納税者の痛み（痛税感）が議論され，一般

的には買い物の時にまとめて支払う間接税は所得税のような直接税と比べて痛税感が低いと考えられていた。当時，内税方式のヨーロッパでは日本の３％と比較すると税率が高く，内税方式にすれば痛税感が小さく，税率の引上げに歯止めがかからなくなるのではないかという危惧があったことが，外税方式を採用する１つの根拠となった。

　一方，外税方式は消費税率の引上げの期日（たとえば４月１日）に一斉に価格（税込み）が上昇するのに対して，内税方式のヨーロッパでは必ずしも定価（税込み）が一斉に変動しないという特徴を持つ。消費税率引上げに際しては消費支出へのマイナスの影響が注目されるが，販売時の税額表示のあり方についてももっと検討すべきである。

インボイス制度

　2023年10月より，事業者が消費税の納税額を算出する際の仕入税額控除にインボイス制度が導入されることとなった。売り手となる事業者は売上げに含まれる税額を記載したインボイス（適格請求書）を発行し，買い手はインボイスに記載された税額しか仕入税額控除が認められない。事業者がインボイスを発行するためには，税務当局に申請して登録事業者となる必要がある。そして，買い手は仕入れ税額控除のために受け取ったインボイスの保存が求められることとなり，インボイスを発行しない（できない）事業者からの仕入れを取りやめる可能性が生じる。

　消費税のインボイス制度は，2019年からの軽減税率の導入をきっかけにしてその実施が必要とされたものであるが，税務当局による取引の正確な把握という観点からは消費税の創設当初から検討された問題である。消費税の創設時にはインボイスを利用しているヨーロッパの付加価値税がモデルとなり，また消費税に先立って導入が検討された売上税はインボイス方式の付加価値税であった。

　1989年の消費税創設時には検討の結果，制度上の簡素さが重視されたこともあり，いわゆる帳簿方式が採用されたが，軽減税率の導入にともなって改めて消費税額の正確な算出が焦点となり，インボイス制度への移行が決定される。

ただし，消費税制において，租税原則の１つである簡素さを重視するのであれば，事業者間の取引き（BtoB）は標準税率，小売段階（BtoC）のみ軽減税率という方式も考えられる。もともと，帳簿方式であっても事業者の取引が正確に記帳されていれば，消費税額は同じであり，インボイスを取り入れることでどれだけの税額が確保されるのかといった効果と税制の簡素性を比較した検討も重要である。

8.4　消費税率引上げと経済

▢ 消費税率引上げへの批判

　消費税が導入された1989年はバブルの絶頂期で，税率３％の消費税が導入されることによるマイナスの効果は特に問題にはならなかった。これには，景気動向とともに，所得税や法人税の減税規模が大きく，一部の製品に偏っていた個別間接税が廃止されたことも影響している。

　しかしその後は，バブル崩壊後の経済が低迷する中での消費税率の引上げとなってきたため，そのマイナスの効果がクローズアップされることになる。1997年に税率が５％（地方消費税を含む）に引き上げられた際には，その後の経済を悪化させたと批判が強かった。この時の税制改正では，1995年に所得税減税が先行実施されており，その２年後に税収中立を目指して消費税が引き上げられたものである。この時の経済悪化に関しては，1998年に金融機関が破綻するなどの金融危機の影響が大きいとする意見もある。消費税率引上げによる経済悪化はその後の税制改正でも大きな議論になった。2014年度の８％への引上げの際も，結果的に実質値ではGDP，家計最終消費支出の両方がマイナスを記録する。

　消費税率の引上げは，消費財の価格を上昇させる。右下がりの需要曲線の下では，価格の上昇は購入量を減少させ，景気に対するマイナスの影響を及ぼす。価格が上昇して所得（給与）が上昇しなければ，購入量が低下することは当然予想される。本来，価格の上昇はインフレ要因である。しかしながら日本ではバブル崩壊後，デフレが続き消費税増税が景気悪化の要因とされ

ることが多い。日本では，消費税導入時の1989年，そして1997年，2014年と10％となる2019年までに3度の消費税率が上がるインパクトがあった。各年の消費者物価指数（生鮮食料品・持ち家の帰属家賃を除く）の対前年変化率を見ると，1989年が2.3％，97年が1.8％，そして2014年が3.2％と消費者が直面する物価は上昇していたことがわかる。

　特に2000年以降，デフレ傾向は続き，物価が対前年比でマイナスを記録している年も多い。この間の消費の動きからは，消費者の購買意欲が物価の下落によって活性化することはなかったということがわかる。その意味では，消費税による物価の上昇が現実にどれだけ消費を押し下げるのかは必ずしも明確ではない。消費に対する影響は物価だけでなく，所得からも大きな影響を受ける。1989年の消費税導入時はいわゆる"バブル期"で，株式や土地のキャピタルゲインが大規模に発生したが，それだけでなく，88年から89年にかけて民間給与所得者の平均給与が3.6％増加している。また，消費税の導入に合わせて所得税減税が実施され，特に高所得層で減税規模が大きかった。このような，バブル発生という時代背景の下で所得，もしくは可処分所得の増加とともに実施された消費税導入は，民間消費へのマイナス効果をもたらさなかったということである。

　1997年と2014年の消費税率の引上げ時の民間給与平均額の変化を見ると，1997年が対前年比1.4％の増加，2014年が0.3％の増加となっている。いずれも若干の上昇は見られるものの，上記の各年の物価上昇率には届かない。つまり，実質的には購買力は低下しており，民間経済にとってはマイナスの効果を及ぼす結果になっている。1997年の消費税率引上げは，それに先行する所得税減税とセットで実施されたものであり，その意味では，この期間を通して見れば購買力の低下は相当程度薄まったものと考えられる。また，2014年の引上げ時も，平均給与所得の対前年伸び率は0.3％にとどまっており，消費者物価の上昇率を下回っている。97年のケースと同様に一般的な給与所得者にとって，物価と給与収入の変動から生じる購買力への効果はマイナスであったと判断することができる。

■ 政府支出と消費税

　言うまでもなく，消費税の税率引上げの影響を受ける最大の需要要素は家計消費であるが，もう1つ大きな負担者となるのがGDPの3割に達する政府支出である。政府支出のうち人件費や公債費は基本的に消費税とは無関係である。人件費は，先の民間給与を見たように消費税による物価上昇への対応の有無は購買力という点では関係するが，消費税が転嫁されるわけではない。

　これに対して物品の購入や建設費といった政府支出は，それにかかる消費税を転嫁する売上げがあるわけではなく，最終消費者の購入と同じことになる。つまり，金額ではなく同じ量の行政サービスを展開するためには予算（決算）レベルで消費税負担分は上乗せする必要がある。そこで，1997年度，2014年度そして2019年度の消費税率引上げの際，政府支出がどのように変化したのかを見たのが**表8−3**である。

　表では，決算ベースの国と地方の歳出統計額から，政府が支払う雇用者所得（人件費），社会保障給付の公費負担分，そして公債費を差し引いた金額，つまり政府が消費税を上乗せして支出しなければならない経費の対前年度の増減を示している。1997年度は政府支出総額でも前年度よりも2.7兆円縮小，消費税が上乗せされる経費は3.6兆円のマイナスである。

　2014年度は，政府支出全体は対前年度2.0兆円の増加となっているが，消費税が上乗せされる経費は1.7兆円のマイナスとなっている。

表8−3　消費税率引上げと政府支出

	2018年度	2019年度	差額	2013年度	2014年度	差額	1996年度	1997年度	差額
政府支出総額　　　　（A） （国と地方の純計額）	169.2	172.2	3.0	165.8	167.8	2.0	151.4	148.7	-2.7
国と地方の雇用者所得　（B）	28.1	28.1	0.0	27.6	28.5	0.9	30.6	31.2	0.6
社会保障給付のうち公費負担（C）	50.4	51.9	1.5	43.3	44.8	1.5	24.5	24.2	-0.3
公債費　　　　　　　（D）	34.9	34.4	-0.5	34.6	35.9	1.3	25.6	26.2	0.6
（A）−（B）−（C）−（D）	55.8	57.8	2.0	60.3	58.6	-1.7	70.7	67.1	-3.6

出所）政府支出総額，公債費：総務省『地方財政白書』，雇用者所得：内閣府『国民経済計算・一般政府部門別勘定』，社会保障負担のうち公費負担：国立社会保障・人口問題研究所『社会保障費用統計』。

1997年度，2014年度の消費税率引上げ時には，政府の物品購入，施設建設などの経費が実質的には対前年度比で減少しており，少なくとも，消費税が民間経済に及ぼすマイナス効果を相殺するような財政上の対応はなされていなかったことになる。

　これに対して，2019年度は約2兆円の増加が見られる。2019年度の消費税率引上げは10月の実施であるため半期分ということになるが，少なくとも消費税引上げ時に政府支出の決算額が増加していることがわかる。

第9章 法人に対する課税

第1章で見たように，日本の税制の特徴の1つは，国，地方ともに法人所得課税への依存の割合が高いことである。今日の民間経済の中で欠くことのできない法人の経済活動への課税であるが，経済の高度化とともに課題は累積する。本章では，日本の法人税を中心に仕組みと論点について述べる。

9.1 法人税は誰が負担するか

法人擬制説と法人実在説

株式会社は，株主が出資の大きさに応じて株式を保有して所有者となり，経営は株主によって選ばれた者に委ねられる。つまり，所有と経営の分離である。株式会社は，原材料に付加価値を加えて販売する。そして，付加価値は人件費と利潤となり，利潤は基本的には会社内に蓄積する内部留保と株主に対する配当に分けられる。会社の成長に伴う内部留保や配当の増加は会社の価値の増大を意味し，株式の価値（株価）の上昇に結びつく。法人税は，付加価値のうち利潤に対して課税するものであり，その位置づけに関しては2つの考え方がある。

1つは，会社の利潤はその所有者である株主のものであり，会社は課税対象となる独立した存在とはみなさない"法人擬制説"である。法人擬制説の視点に立てば，法人税は株主が受け取る所得に対する課税の前取りであり，何らかの調整を行わなければ，法人税と所得税の二重課税が生じる。これに対して，会社は担税力を持つ株主とは別の独立した存在と考えるのが"法人実在説"である。この法人実在説の視点に立てば，法人税と所得税はそれぞ

れに課税すべきであり，二重課税の調整は必要ない。

📖 法人税の転嫁と帰着

　法人税と同じく企業に対する課税である消費税（消費型付加価値税）は，最終消費者が負担することが予定されている。つまり，中間段階も含めて税は購入価格に転嫁され，最終消費者に帰着する（**図9−1**）。

　一方，法人の所得等に対する課税は，必ずしもどこに（誰に）帰着するのかが明確ではない。法人税は配当所得に対する所得税の前取りとする法人擬制説の立場からは，株主に帰着することになるが，法人税の転嫁がどのように行われ，どこに帰着するかは制度的に定められているわけではなく，実際にどのような転嫁が生じているのかは明確ではない。

　法人は，支払う法人税を製品やサービスの価格を引き上げることで取り返そうとするかも知れない。このような販売を通じて購入者に負担を転嫁することを"前転"という。また，企業が支払う法人税によって，株主が受け取る配当が減少するかも知れないし，その他の可能性としては，従業員に支払われる給与が減少する，あるいは仕入業者からの購入価格が抑制されることも考えられる。このような納税する企業からの支払いの減額を通じて外部の

図9−1 法人税の転嫁と帰着

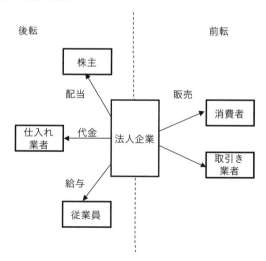

負担として転嫁することを"後転"という。そして，法人が企業内部の合理化等を進め，外部への支払いや販売価格への影響を及ぼすことなく税を支払うことを"消転"という。法人税の課税ベースとなる法人所得の算出においては，固定資産税や都道府県の企業課税である事業税は「租税公課」として経費に計上される。生産物の価格決定は，その費用を反映したものとなるため，会計上，経費に算入される。法人税は製品価格に転嫁されるとみなすこともできるが，実際にどれだけの転嫁が生じているのかを明示的に確認することは難しい。

9.2　法人税と所得税の調整

■ 日本における経緯

　日本の法人税については，シャウプ勧告において法人擬制説が採られ，法人税率は配当として株主に分配される利潤と内部留保など配当以外の利潤とで差が設けられていた。具体的には1989年に37.5％に一本化されるまで，配当は一般の税率よりも10％低い税率が設定されていた。また，個人所得の段階では，法人税として徴収された税との調整の意味で，受取配当について税額控除を行うことができる。この配当控除の適用は確定申告の必要があり，申告によって算出された税額から一定額を差し引くものである。日本では長く配当軽課と配当控除の2つの方式で，法人税と所得税の二重課税に関する調整を行ってきたが，大きな転換点となるのが1980年代後半の税制改革へとつながる時期である。その方向性を示しているのが1980年の政府税制調査会答申で，次のように述べられている。

　　「法人の性格論（法人実在説あるいは法人擬制説）については，‥‥（中略），法人実在説あるいは法人擬制説という形でどちらかの立場に割り切ることは困難であると考えられる。したがって，法人の性格論から法人税の負担調整に関する仕組みのあり方を導き出そうとすることは，不毛であり，適当でもない。」[1]

---

1) 政府税制調査会「財政体質を改善するために税制上とるべき方策についての答申」（1980年11月）。

この時点で，明示的に法人擬制説の立場に立った法人税と所得税の二重課税の調整を行うことの根拠は曖昧なものになる。1980年代後半の税制改革論では，消費課税の拡大とともに，世界的な潮流となっていた所得税，法人税の減税という方向性が示される。所得税については最高税率の引下げとフラット化が，そして法人税に関しては，当時40％と30％（配当）であった税率を一本化して37.5％に引き下げる改正が実施される（1989年）。

　そして現在は，国際的な競争力が論点となり，その税率を引き下げる改正が続けられてきた。配当控除は現在も継続されているが，一方で配当所得についても分離課税が認められるようになっており，その対象が拡大してきた。

■ 諸外国における法人税と所得税の負担調整

　法人税を所得税の前取りとしてみなせば，配当所得を受け取った段階で負担を調整する必要が生じる。法人税と所得税を両方課したうえで負担調整を行う方法としては，インピュテーション方式がある。所得税の総合課税の下では，全ての所得を合算して１つの累進税率表を適用して税額を算出する。株式の受取配当金も合算される。法人税を所得税の前取りとすると，配当分に対して課された法人税も所得として計上し，それを合算したものから税額を算出する。そして，その税額から配当に対する法人税相当分を差し引いて納税額を算出する。これは，法人税と所得税の二重課税を全て排除する完全なインピュテーション方式である。この他，法人税額相当額の一部だけを所得に加算して全体の算出税額から加算分を控除する部分インピュテーション方式もある。

　表９－１は，財務省が示している日本を含む主要国における配当への課税方法と法人税との調整方式をまとめたものである。アメリカは，基本的には法人実在説による制度設計が行われており，個人所得税と法人税の負担調整は行われていない[2]。

　ヨーロッパでは，イギリスで一部のインピュテーション，ドイツでは従来インピュテーション方式が採用されていたが，2008年まで配当所得の２分の

---

2)　アメリカの税目は法人税ではなく，所得税の課税対象として，個人と法人に分けられている。

表 9 − 1 **主要国の配当課税と法人税との調整**

	日本(注1)	アメリカ(注2)	イギリス	ドイツ	フランス
課税方式	申告分離と総合課税との選択 **(申告分離)20%** (所得税：15% ＋個人住民税：5 %) 又は **(総合課税)10〜55%** (注)源泉徴収（20%（所得税15%＋個人住民税5 %））のみで申告不要を選択することも可能。	段階的課税 （分離課税）(連邦税) 3 段階 0, 15, 20%(注3) ＋ 総合課税 (注3) （州・地方政府税） ニューヨーク市の場合 州税：4.00〜8.82% ＋ 市税：2.7〜3.4% ＋ 税額の14%の付加税	段階的課税（分離課税） 3 段階 7.5, 32.5, 38.1%(注4)	申告不要（分離課税） ※総合課税も選択可(注5) **26.375%** (所得税：25% ＋ 連帯付加税：税額の5.5%)	分離課税と総合課税との選択 (注6) **(分離課税)30%** (所得税：12.8% ＋ 社会保障関連諸税：17.2%) 又は **(総合課税)17.2〜62.2%** (所得税：0〜45% ＋ 社会保障関連諸税：17.2%)
法人税との調整	配当所得税額控除方式 （総合課税選択の場合）	調整措置なし	配当所得一部控除方式 （配当所得を2,000ポンド（29万円）控除）	調整措置なし	配当所得一部控除方式 （受取配当の60%を株主の課税所得に算入） （総合課税選択の場合）

注) 1. 上場株式等の配当（大口株主が支払を受けるもの以外）についてのものである。

　　 2. 適格配当（配当落ち日の前後60日の計121日間に60日を超えて保有する株式について，内国法人又は適格外国法人から受領したもの）についてのものである。

　　 3. 給与所得等，配当所得及び長期キャピタル・ゲインの順に所得を積み上げて，配当所得及び長期キャピタル・ゲインのうち，39,375ドル（445万円）以下のブラケットに対応する部分には 0 %，39,375ドル超のブラケットに対応する部分には15%，434,550ドル（4,910万円）超のブラケットに対応する部分には20%の税率が適用される（単身者の場合）。なお，州・地方政府税については，税率等は各々異なる。

　　 4. 給与所得等，利子所得，配当所得の順に所得を積み上げて，配当所得のうち，34,500ポンド（504万円）以下のブラケットに対応する部分には7.5%，150,000ポンド（2,190万円）以下に対応する部分には32.5%，150,000ポンド超に対応する部分には38.1%の税率が適用される。

　　 5. 資本所得と他の所得を合算したときに適用される税率が25%以下となる場合には，申告により総合課税の適用が可能。ただし，申告を行った結果，総合課税を選択した方が納税者にとって却って不利になる場合には，税務当局において資本所得は申告されなかったものとして取り扱われ，26.375%の源泉徴収税のみが課税される。

　　 6. 2018年予算法において，利子，配当，譲渡益に係る所得税について分離課税と総合課税を選択できるようになった。利子・配当は原則として源泉徴収の対象となるが，前年の参照課税所得（課税所得に一部の所得控除（配当収入に係る控除等）を加算して戻したもの）が一定以下の者は，源泉徴収を受けずに申告分離課税を選択することができる。

備考) 邦貨換算レートは，1 ドル＝113円，1 ポンド＝146円（基準外国為替相場及び裁定外国為替相場：2019年 1 月中適用）。なお，端数は四捨五入している。

出所) 財務省「日本の財政関連資料（令和 4 年 4 月）」(https://www.mof.go.jp/tax_policy/summary/financial_securities/risi03.htm)。

1 を課税所得に算入する方式，そして現在は所得税と法人税の調整は行われていない。ドイツで行われていたインピュテーション方式での所得税と法人税の調整の廃止は，国際的な租税議論の中で法人に対する優遇措置との批判が出されたことと，金融所得に対する一律税率での分離課税が導入され，株式譲渡所得との損益通算が認められるようになったことと連動している。

法人間の調整

　株式会社の株主は所得税の対象となる個人だけでなく，株式会社同士での株式の所有や親会社，子会社の関係で100％の株式保有というケースもある。株式の保有関係があると，当然に配当の支払い，受取りが生じる。企業会計上は受取配当は利益であるが，配当の支払時に法人税が課され，受取時にも課税ベースになると法人税の二重課税となる。

　法人間で支払われる配当について，配当を受け取る法人の支払い法人に対する支配が強い，具体的には持株比率が高い法人からの配当は，経営形態の選択や企業グループの構成に税制が影響を及ぼすことのないように100％益金不算入とされる。一方，持株比率が低い法人からの配当は，益金不算入の割合が低くなるように設定されている（**図9－2**）。法人間配当に関しては，諸外国でも同様の税負担の調整が行われている。

図9－2　法人間配当の益金不算入制度

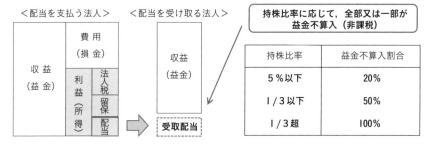

出所）財務省『法人税の益金・損金の計算に関する資料』(https://www.mof.go.jp/tax_policy/summary/corporation/c02.htm)。

9.3　減価償却制度

法人税と減価償却制度

　企業による投資は，経済の中で大きな比重を占め，経済の活力や成長の面では非常に重視される。企業会計的には，会計年度の売上げとそのための費

用の関係を明確にする必要があり，そのために複数年生産に使用することができる機械設備の購入は，購入時期に一括して費用化するのではなく，その設備の使用期間に分けて計上される。これが減価償却費である。

　法人税の計算上も同様に，課税ベース算出においては毎年の減価償却費が損金算入される。法人税の算定において損金算入は，その金額に税率を乗じた額だけ税負担が小さくなる。したがって減価償却は，その費用化によって縮小される税負担が，将来に繰り延べられる結果になる。

　たとえば，法人税率が40%で，100の設備を購入すると仮定する。購入時に全て費用とすれば，100×40%で法人税額は40減少する。一方，減価償却によって2年間にわたって費用化（減価償却）すると仮定すると，1年目は50×40%，2年目は50×40%でそれぞれ法人税額が20ずつ減少する。1年目の20，2年目の20を合計すると40であるから，法人税の減少額は，購入時に全て費用化したケースと同額である。

　しかしながら複数期間にわたって収益や費用が発生する場合には，現在価値に算出し直す必要がある。つまり，利子率rを想定すると，2年目の費用cの現在価値は，c／（1+r）となる。つまり，将来の収益や費用を現在価値に直せば，利子率で割り引いた金額となる。このように考えるならば，設備購入に伴う減価償却制度によって費用化が将来に送られるほど，それによる法人税の減少額の現在価値は小さくなるということである。

☐ 減価償却の方式

　減価償却の方法には，大きく分けて定額方式と定率方式とがある。定額方式では，購入費を償却期間で割り，償却期間を通じて同額の償却費が計上される。一方，定率方式では，毎年，資産価格の残りに一定割合を乗じた金額ずつ償却費が計上される。定率方式では，償却期間の前半で償却額が大きく，次第に小さくなっていく。つまり，設備購入による法人税の減少（現在価値）は定率方式のほうが大きくなる。

　減価償却制度は，経済の活性化を目的とした企業の投資促進にも活用される。具体的には，加速度償却により償却期間を短縮することで，法人税の減少額を大きくする。減価償却はもともと生産による収益と費用の対応関係を

正確なものにするために設けられた制度であるが，償却期間が必ずしも実際の設備の稼働期間と一致するとは限らない。また，減価償却の方式によって法人税の減少額が異なる状況は，減価償却制度が投資に対する中立性を損なっているという指摘もある。

9.4 キャッシュ・フロー法人税とACE法人税

■ キャッシュ・フロー法人税

　法人税の算出において，配当は利潤からの分配として法人税の課税対象となるのに対して，借入れや社債に対する利子の支払いは費用に計上され，法人税の課税対象には含まれない。法人企業による投資のための資金調達の手段としては株式の発行と借入れがある。そして，そのための費用として配当もしくは利子を支払うわけであるが，法人税の対象となるかどうかに違いがあれば，法人税は企業の資金調達に対する中立性を損なうことになる。具体的には，利子が費用として扱われる借入れが優遇される。

　このような法人税の資金調達に対する中立性を高めるとともに，投資等の企業の活動に対する法人税の影響を改善するために提案されるのが，キャッシュ・フロー法人税である。

　キャッシュ・フロー法人税にはいくつかの方式がある。キャッシュ・フロー法人税が最初に提唱されたのは1978年のイギリスの『ミード・レポート』[3]である。そこでは，個人に対する支出税との組合せで，法人に対しても資金の流入と流出の差に着目して課税することが望ましいとされた。ミード・レポートでのキャッシュ・フロー法人税の課税ベースは大きく3つある。

　1つは生産物や原材料の取引き，固定資本の取引き，そして人件費等の実物取引きによる企業の資金の流入と流出の差を課税ベースとするものである（Rベース）。Rベースのキャッシュ・フロー法人税では，設備等の固定資本

---

3)　Meade, J. E. [1978] *The Structure and Reform of Direct Taxation, Report of a Committee chaired by Professor J. E. Meade.* London : George Allen & Unwin.

の購入は一括して費用化されることから減価償却の複雑さは回避される。しかし，借入れや株式購入などの金融取引きは課税ベースの算出の対象から外される。つまり，実質的には金融機関に対する課税ができない。

　2つ目に，法人の借入れ，貸付け，利子の受取りと支払いといった金融取引きの流入と流出の差（Fベース）を加えたR＋Fベースのキャッシュ・フロー法人税が考えられる。

　そして3つ目が株式の発行や配当の支払いといった株式取引における資金の流入と流出の差（Sベース）である。個人に対する支出税と組み合わせるキャッシュ・フロー法人税では，個人と法人の二重課税の問題は発生せず，また，減価償却制度による投資への影響も排除される。そして現行の法人税と比較すれば税額の算出は簡単になる。しかしながら，ミード・レポートでは個人の支出税とのセットであることや，課税ベースが現行法人税よりも小さくなることから実際の導入にはハードルが高い。

◻ ACE法人税

　法人の資金調達や投資活動への中立性を追求するキャッシュ・フロー法人税は，その後1991年のイギリスIFSの報告書[4]や2010年の同じくIFSのいわゆる「マーリーズ・レポート」[5]へと引き継がれる。これらの報告書では，キャッシュ・フローを法人課税の柱としながら，株式配当の支払いも課税ベースから外すACE（Allowance for Corporate Equity）法人税が提唱される[6]。ただし，ACE法人税は株式に対する配当も課税ベースから除外されるため，同じ水準の税収を確保するためには高税率とならざるをえない。

　資本や法人の国際的な移動が容易になり，競争も激しくなる中で，法人に対する課税をどのように進めていくかは各国ともに大きな課題である。

---

4)　Institute for Fiscal Studies ［1991］ *Equity for Companies: A Corporation Tax for the 1990s* , A Report of the IFS Capital Taxes Group Chaired by Malcolm Gammie.
5)　Institute for Fiscal Studies ［2011］ *Tax by design*, James Mirrlees, Stuart Adam, Tim Besley, Richard Blundell, Stephen Bond, Robert Chote, Malcolm Gammie, Paul Johnson, Gareth Myles and James M. Poterba.
6)　ACEは，法人資本控除，株式控除等と訳されている。

第10章 日本の法人税

　日本の経済活動の多くは法人企業を通じて行われており，その法人に対する課税は税収面でも，経済活動に及ぼす効果の面でも重要な意味を持つ。この章では，日本の法人企業と法人税の状況について述べる。

10.1　法人企業の状況

■ 法人の種類

　今日の経済活動，特に生産活動の多くは企業によって行われている。そして企業には個人企業と法人企業とがある。法人は，法律によって法人格を認められる組織であり，さまざまな形態がある。日本において法人税の対象となる法人は，「国内に本店又は主たる事務所を有する法人」（法人税法第2条）であり，外国法人は国内での所得がある場合を除いて課税対象にはならない。

　法人税法において法人税の対象となる法人は，下記のように定義されている。

① 公共法人；都道府県・市町村の地方公共団体のほか，独立行政法人や地方公社，等

② 公益法人等；学校法人，宗教法人，財団法人，社団法人，社会福祉法人，等

③ 協同組合等；消費生活協同組合（生協），商工組合，森林組合，等

④ 人格のない社団等[1]；親睦会，法人化していない自治会やNPO，等

⑤ 普通法人；株式会社など，①から④以外の法人

---

1) 法人格を持たない任意団体等であるが，収益があれば法人税の対象となる。

これらの法人の収益に対して課税するのが法人税であり，その中心は，利潤の追求を目的とする法人企業（株式会社）に対するものである。

🔲　法人企業の状況

　日本で法人税の課税対象になっている法人企業（株式会社）の状況を，法人税を課税する国税庁がまとめている。**表10－1**は2020年の状況である。法人企業は280万4,371社である。資本金階級別には1億円以下の法人が277万社で98.8％を占めている。一方，法人企業の売上に相当する営業収入の合計

表10－1　日本の法人企業（2020年度）

区　　　分	法　人　数	資　本　金	営業収入金額
（資本金階級）	社	百万円	百万円
100万円以下	498,453	330,049	45,290,103
100万円超	75,635	140,480	6,277,404
200万円〃	1,138,951	4,029,629	119,431,489
500万円〃	710,143	6,716,919	156,856,201
1,000万円〃	144,930	2,480,534	80,186,706
2,000万円〃	150,263	5,264,983	142,271,256
5,000万円〃	52,730	4,306,070	152,833,673
1億円以下計	**2,771,105**	**23,268,664**	**703,146,831**
1億円超	11,270	3,146,521	92,066,384
5億円〃	1,587	1,208,409	22,209,465
10億円〃	2,990	6,176,346	69,978,288
50億円〃	733	4,479,829	31,127,367
100億円〃	1,052	54,787,236	159,912,750
1億円超計	**17,632**	**69,798,341**	**375,294,254**
（再掲）1億円未満	2,762,345	22,115,266	642,039,516
（再掲）1億円以上	26,392	70,951,739	436,401,569
連結法人	1,823	49,878,427	271,653,183
構成 〔連結親法人	(1,823)	－	－
連結子法人	13,811	－	－
合　　計	**2,804,371**	**142,945,432**	**1,350,094,267**

注）1．法人数の合計には，連結法人の親法人と子法人を含む。
　　2．営業収入金額とは，営業及びこれに付随するものから生じた売上げ又は収入金額をいい，営業に直接関係のないもの（例えば，受取利息や資産の売却益，雑収入等）は含まない。
出所）国税庁『税務統計から見た法人企業の実態』（令和2年度）。

表10-2　赤字法人（欠損法人）の状況（2020年度）

資本金階級	利益計上法人 社	欠損法人 社	欠損法人の割合 %
1,000万円以下	870,167	1,553,015	64.1
1億円以下	167,248	180,675	51.9
50億円以下	10,992	4,855	30.6
50億円超	1,328	457	25.6
連結法人	1,047	776	42.6
合　　計	1,050,782	1,739,778	62.3

出所）国税庁『税務統計から見た法人企業の実態』（令和2年度）より作成。

は1,350兆円で，そのうち647兆円は資本金が1億円を超える法人企業と，大企業に多い連結法人によるもので，全体の48%を占めている。なお，株式を一般の投資家も購入することができるように証券取引所に上場している企業は3,822社（2022年5月末現在）[2]である。株式市場は2022年4月に再編され，最上位に当たるプライム市場への上場法人は1,838社となっている。

　法人税の課税ベースは法人所得であり，基本的には赤字決算となった法人企業は課税されない。**表10-2**は，2020年度の法人企業を利益計上法人と欠損法人に分けて示したものである。全体では62.3%が欠損法人で法人税は課されていない。資本金階級別には，資本金の小さな法人企業ほどその割合が高く，資本金1,000万円以下では64%とほぼ3分の2が欠損法人である。

　2020年，利益計上法人の法人所得総額は約63.8兆円である。そのうち27.7兆円（約44%）が約1万2,000社の資本金1億円以上の法人，12.7兆円（約20%）が連結法人の所得であり，必然的に法人税の企業規模ごとの分配にも反映される。

🔲 連結納税の増加

　近年，日本の法人の決算，そして納税の形態として増加しているのが連結納税である（**図10-1**）。連結納税では，複数の法人の決算をまとめて1つの法人として申告することが認められる。

---

2)　日本取引所グループHP（https://www.jpx.co.jp/listing/co/index.html）より。

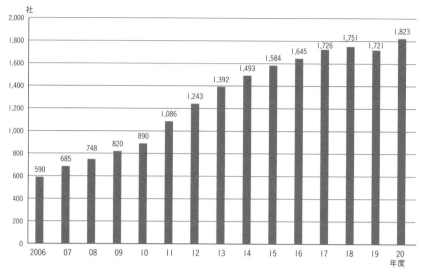

図10-1　連結法人数の推移

社

出所）国税庁『税務統計から見た法人企業の実態』（令和２年度）より作成。

　連結納税では，親会社と，その会社が直接的また間接的に100％株式を保有する子会社の会計を統合して税務申告を行う。連結納税を行う場合には，連結法人グループ内での損益通算が認められ，連結法人間で一定の資産を譲渡した場合の譲渡損益は，その資産が連結法人グループの外に移転（譲渡）されるまで繰延べが認められる。

　連結納税を行うかどうかは法人の選択制であり，子会社との損益通算等を行うことで税負担が減少する法人グループは連結納税へと移行する。ただし，一旦連結納税を選択すれば継続適用が義務化される。2010年の税制改正によって上記の法人間の取引による譲渡所得（損失）の繰延べなど，連結納税によるメリットが拡大したことが近年の適用法人数の増加に結びついている。

10.2 法人税の算出

■ 法人税の課税ベース

法人税の課税ベースは，法人企業が行う事業活動から発生した所得である。言い換えれば，法人企業が生み出す付加価値のうちの利潤である。**図10－2**は，法人税の算出の流れを示したものである。

法人の財務状況は会計基準に基づいて決算期（通常１年）ごとに示される。そして決算期ごとに，法人の収益から費用を差し引いたものが会計上の法人の利益である。法人の費用には，原材料費の他，国民経済計算上は付加価値を構成する従業員の給与・賞与などの人件費，借入れに対する利子も含まれる。そして，機械・設備といった投資財の購入費も費用である。ただし，機械設備は原材料のように，その期の生産のみに用いられるのではなく，数年間，場合によっては数十年間利用可能である。これを考慮して，機械・設備の費用を一部ずつ費用に計上していくことを減価償却と言う。法人税を算出する際の法人所得は益金から損金を差し引いて求められるが，それには会計

図10－2 法人税の算出の流れ

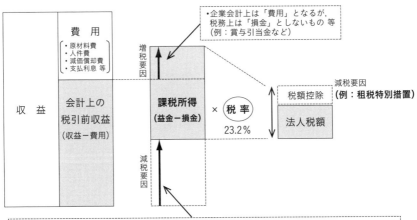

出所）財務省「法人課税に関する基本的な資料」(https://www.mof.go.jp/tax_policy/summary/corporation/c01.htm)。

上の収益，費用から調整が加えられる。そしてこの調整には，会計上の収益には含まれるが法人税の税務上は収益に含まれないものや，会計上は費用となるが税務上は損金に算入されないものがある。前者は会計上の利益に対する課税と比較すれば減税要因であり，後者は増税要因である。

　前者の例には，受取配当の益金不算入がある。他企業からの配当は企業にとっては収入であり，会計上は収益に計上される。しかしながら，配当は企業から支払われる際に利潤の一部として法人税が課され，個人が受け取る段階で所得税の対象となる。配当に関しては，法人税と所得税の二重課税が問題になる中で，法人間のやり取りについては法人税の課税対象からは外されている。一方，たとえば当該年の3月までの勤務に対する賞与を翌年度に支払うための当該年の賞与引当金は，会計上は費用に計上されるが税務上は損金算入されない（ただし，税務上の損金算入は実際の支払い時期に行われる。）このような会計上の決算利益に対して，税務上の所得算出のために益金算入（不算入），損金算入（不算入）を行うことを税務調整と言う。

　次に法人税の算出においては，当該年度に赤字，つまり［益金−損金］がマイナスになった時に生じる欠損金を翌年度以降の所得金額から控除することができる欠損金の繰越控除制度が設けられている。2022年の制度では，一般法人が毎年度の所得金額の50％まで，中小法人については所得の全額までの控除が10年間認められる。図10−2で示されるように，このように算出した課税所得に対して税率（2022年は23.2％）を適用して法人税額が算出される。そして，法人が利子を受け取る際に源泉徴収された所得税，海外での事業所得に対して課された外国の税額を算出税額から差し引く（税額控除）ことで，納税額となる。

■　法人税率

　2022年現在の法人税率は23.2％で，1990年代から段階的に引き下げられてきた。図10−3は1980年代からの法人税率の推移を示したものである。1970年代は長く40％の基本税率であったが1980年代に当時の財政状況の悪化に対応するために引き上げられる。また，1960年代から配当に対する二重課税の調整のために，配当分の法人税率を基本税率より10％程度引き下げる配当軽

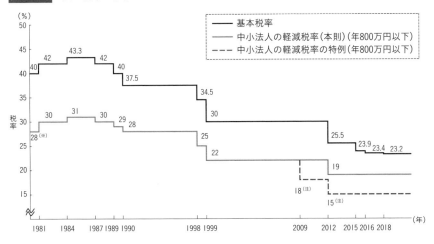

(注)　中小法人の軽減税率の特例（年800万円以下）について，2009年4月1日から2012年3月31日の間に終了する
　　　各事業年度は18%，2012年4月1日前に開始し，かつ，同日以後に終了する事業年度については経過措置と
　　　して18%，2012年4月1日から2023年3月31日の間に開始する各事業年度は15%。
(※)　1981年3月31日の間に終了する事業年度については年700万円以下の所得に適用。
出所)　財務省「法人課税に関する基本的な資料」（https://www.mof.go.jp/tax_policy/summary/corporation/082.
　　　htm）。

課措置が講じられていた[3]。

　1980年代後半からの税制改革の流れの中で所得税や法人税の減税が国際的
な潮流となり，日本でも法人税率が37.5%まで引き下げられる。そして1990
年から配当軽課措置は廃止されて，税率は37.5%に一本化される。そしてそ
の後，近年まで，企業活動の国際競争力の観点から引下げが続き，2018年は
23.2%まで引き下げられる。

　法人税率は中小法人に対する軽減が実施されている。法人税では資本金
1億円以下の法人を中小法人と定義しており，800万円以下の所得に対して
適用される[4]。また，2009年以降は経済環境が低迷する中で中小企業の安定・
強化を図るために軽減税率をさらに引き下げる特例が設けられている。2022
年の中小法人の税率は本則で19%，特例で15%となっている。

───────────────────────

3)　1981年は40%と30%。
4)　軽減税率が適用されるのは，中小法人の他に公益法人，協同組合などがある。

■ 法人実効税率

　日本では法人の税負担の国際比較を行う際，"法人の実効税率"の概念を用いている。この実効税率は法人所得に対して課される，国，地方の税の負担率を示すものであるが，実際の所得金額や納税額ではなく法定税率を用いて求められる。日本の場合は次式で算出されている。

$$\frac{\text{法人税率}+[\text{法人税率}\times(\text{地方法人税}+\text{法人税割住民税率})]+\text{事業税率}}{[1+\text{事業税率}]}$$

　法人税割住民税と地方法人税は，後述のように法人税を課税標準とした課税であり，分子に加えられる。また，都道府県の事業税が分母で外出しになっているのは，事業税が法人税の課税標準である法人所得を算出する際，費用項目として損金算入されるためである。

　表10－3は，日本の近年の法人実効税率の推移である。

　財務省の資料では，法定税率を用いた実効税率の国際比較を示している（**表10－4**）。法人税率は各国ともに引下げの方向にあり，日本でも実効税率の30％以下への引下げが目標として掲げられ，現在の29.74％になっている。

表10－3　日本の法人実効税率の推移

	2014年度 （改革前）	2015年度 （2015年度改正）	2016年度 （2016年度改正）	2018年度～
法人税率	25.50％	23.90％	23.40％	23.20％
大法人向け法人事業税所得割 ＊　地方法人特別税を含む ＊　年800万円超所得分の標準税率	7.20％	6.00％	3.60％	3.60％
国・地方の法人実効税率	34.62％	32.11％	29.97％	29.74％

出所）財務省「法人課税に関する基本的な資料」（https://www.mof.go.jp/tax_policy/summary/corporation/c01.htm）。

表10-4　法人実効税率の国際比較（2022年1月現在）

日本	ドイツ	アメリカ	フランス	イギリス
29.74 [2013年　　37.00] [2014-15年　29.97]	29.83	27.98	25.00	19.00

注）1．法人所得に対する税率（国税・地方税）。地方税は，日本は標準税率，アメリカはカリフォルニア州，
　　　　ドイツは全国平均，法人所得に対する税負担の一部が損金算入される場合は，その調整後の税率を表示。
　　　2．イギリスにおいては，2023年度から最高税率引上げの予定で，最高税率では25％になる。
　　　3．各国政府資料等による。
出所）財務省「法人課税に関する基本的な資料」（https://www.mof.go.jp/tax_policy/summary/corporation/084.pdf）。

10.3　公益法人と寄附税制

■　公益法人の税制上の優遇

　民間の法人であっても，税を財源とする公的な支出と同様の公益活動を行う組織がある。たとえば学校には，公的部門が展開する公立学校があり，それと同等の教育内容を確保しつつ，それぞれの学校の理念に基づいて運営される私立学校もある。また，保育サービスは，公立保育園であろうと私立の保育園であろうと，その運営に対して公的な財源が投入される。その意味で，公益に役立つ資金は税のみではなく，これら公共部門と同等の役割を果たす部門へ組み入れられる資金も考慮に入れなければならない。

　2008年までは，学校法人や社会福祉法人など特別な規定に基づいて運営されているものの他に税制上の優遇措置の対象となる公益法人は，民法によって「公益に資する社団又は財団」と定められていたが，2008年12月以降は民法の同規定は廃止され，新たな公益法人制度へと移行する。新しい公益法人制度の下では，財団や社団が登記のみで設立できるようになり，税制上の優遇が適用されるような公益性を有しているかどうかは，別途客観的な審査を受けることで認定されることになっている。

　税制上の優遇とは，具体的には法人としての事業所得に対する軽減などと支出に対する優遇，そして個人が寄附を法人に対して行った時に，所得税が軽減される寄附金控除が適用されることである。公益性が認定された財団法

人や社団法人には収益事業からの所得に対して中小企業に対するのと同じ軽減税率が適用され，本来の公益事業は非課税となる。

　一般の法人が，公益法人等に寄附を行った場合は一定額まで損金算入が認められる。また公益財団・社団は，その法人が行う本来の公益目的事業に寄附をする場合は，収益事業による所得の50％まで損金算入が認められる。一方，個人が支出する寄附金については所得控除の対象となり，国や地方団体，そして特定公益増進法人への寄附については税額控除が認められる。この税額控除は近年ふるさと納税で注目を集めた[5]。

■ 公益法人の活動と公共の活動

　法人税の減免にせよ，寄附金の取扱いにせよ，公益法人の税制上の取扱いを優遇する大きな目標は，政府による公共部門にとどまらず，公益部門全体への資金の流れを拡大することである。所得に関する寄附金控除や法人の損金算入は課税ベースを縮小させることになるが，それによる税収の減少よりも公益に向けられる金額のほうが大きくなり，結果的には公共部門を含めた公益への資金の振分けが大きくなる。

　しかしながら，個人の場合は同じ金額の寄附をしても，所得控除の場合は高い税率が適用される高所得者ほど，寄附による税負担の減少額が大きくなることに批判もあり，税額控除方式が導入された。ただし，税額控除は，基本的には公共部門に入る税が公益法人に移転するだけであって，公共部門全体の資金拡大には直接結びつかない[6]。

　法人の公益性に関して客観的な判断がなされるようになり，民間の公益活動の促進という意味では，税から寄附へのシフトは望ましいことではあるが，本来の公益に向けられる資金の拡大という目的がどれだけ実現されているのかという観点からの検証も必要であろう。

---

5)　ふるさと納税については，地方団体からの返礼品についての批判があり，見直しも検討されている。
6)　認定NPO法人等または一定の要件を満たす公益社団法人・公益財団法人に対する寄附金を支出した場合には，寄附金特別控除（税額控除）の適用を受けることができる。

10.4 国際課税

▫ 経済のグローバル化

　現代の経済は国境を越えて行われる。古くは国と国との間の貿易が行われ，輸出・輸入の取引きが行われてきた。2020年度の国民経済計算では，GDP536兆円に対して，「財貨・サービス」の輸出は84.1兆円，同じく輸入は84.5兆円でそれぞれGDPの7分の1程度と大きな規模となっている。

　法人税に関しては，国内の法人企業が輸出・輸入それぞれから獲得した所得に対する適正な課税を行えばよい。しかしながら，国内の企業が海外に法人（子会社）を設立し，取引きが法人間のものになると，税の帰属の問題も生じる。さらに，多国籍企業の活動は適正な課税をますます困難にする。

▫ 国際的な租税回避

　海外子会社との関係では，国内（A国）と海外子会社（B国）との間の取引きにおいて，所得に対する法人税がB国のほうが低ければ，国内企業が高価格で購入することでB国の子会社のほうに所得を集中させることができる。このような企業間の取引きにおける価格設定によって恣意的に所得の帰属の国家間での調整が行われることで税収減となる国では，取引価格の適正化を求めることになる。つまり，上のケースでは，通常の取引価格を基準にして国内の法人の所得を算定して課税することがある。これが"移転価格税制"である。

　企業の経済活動が世界規模に及ぶ法人は，その所得を国際的に移動させることで節税を行おうとする。国際的に見て課税の税率が極端に低いか，完全に免除される国や地域のことをタックス・ヘイブン（tax haven：租税回避地）と呼ぶ。日本ではシンガポール，香港，台湾などの国，地域を指定し，その地域に立地した子会社の所得を全額国内の親会社の所得と合算して申告しなければならない「海外子会社合算税制」（いわゆるタックス・ヘイブン税制）を設けている。

　国際的な租税回避行動はOECDでも課題として取り上げられている。2015

年にはBEPSプロジェクトによって，「税源浸食と利益移転（BEPS（Base Erosion and Profit Shifting））への取り組みについて」が発表されている。そこでは，移転価格税制や軽課税国の外国子会社を用いた租税回避への対応，多国籍企業の情報共有，租税条約等の協議といったさまざまな課題についての検討が行われている。また，法人税や所得税だけでなく，国際間の電子取引が拡大していることを踏まえた課税上の対応についても検討されている。2021年，OECDは，加盟各国で企業が負担する法人税について15％の最低税率を2023年から導入する目標を示した。

10.5　地方による企業課税

地方税の法人課税

　法人企業の税負担には，国の法人税だけでなく都道府県および市町村の地方公共団体によって課税される地方税もある。具体的には，都道府県と市町村それぞれに，法人均等割と法人税割がある。さらに都道府県には，個人および法人に対する事業税がある。ただし，事業税は法人に対する税が98％以上を占めており，ほぼ法人課税と言える。

　表10－5は，2020年度の地方税収総額に占める法人課税の割合を示したものである。日本の税体系は国際的に見て，税収全体の中で地方税の割合が高いことが特徴であるが，その中でも法人に対する税への依存度が高い。

表10－5　地方の法人課税（2020年度決算）

		金額	地方税収総額に対する比率
都道府県＋市町村　　　法人住民税		2.36兆円	5.8％
都道府県　　　　　　　法人事業税		4.08兆円	10.0％
合計		6.44兆円	15.8％

備考）税収には超過課税分を含む。
出所）総務省『地方財政白書』（令和4年版）。

■ 法人住民税

　個人と法人に対する住民税は，都道府県，市町村いずれも基幹的な税である。法人に対する住民税には，均等割と法人税割がある。均等割は，都道府県が資本金に応じて（1,000万円以下から50億円超まで5段階）2万円から80万円，市町村が同じく資本金と従業者数に応じて5万円から300万円である。法人税割の課税標準は各法人の法人税額で，2022年度の税率は都道府県が1％，市町村が6％となっている。

　法人企業は通常，決算等の会計処理は本社で一括して行うものであり，法人税は管轄の税務署で申告し，納税する。しかしながら，法人企業の活動は1つの地方団体内にとどまるものではなく，支店や営業所，工場などは複数の地方団体に存在する。そのため，本社はなくても事業所で経済活動を行う法人企業は，その地域で何らかの行政サービスからの受益をする。そこで地方税に関しては，複数の地方団体に事業所（事務所）を持つ法人は，事業所ごとの従業者数に応じて課税標準を分割して，それぞれの地方団体に納税しなければならない。この時の従業者数を分割基準と言い，後述の事業税でも分割基準が設けられている。

■ 法人事業税

　都道府県の事業税は，個人および法人の企業活動に着目して，住民税とは別に課税されている。第2次大戦後のシャウプ勧告で，所得型付加価値税への移行が示されたことを受けて立法化される。しかしこの付加価値税は実施されることなく，所得を課税標準とする事業税が成立する[7]。

　しかしながら，法人所得に基づく課税は，経済変動によって大きく税収が変動し，地方財政の安定的な運営のためにはマイナスである。また，所得を課税ベースとする限り，赤字の欠損法人は税負担を負わない。このような問題に直面し，事業税については，企業の所得によらない“外形標準課税”の必要性が検討されてきた。均等割を持つ法人住民税ではこのような外形標準

---

7)　電気，ガス，保険業については，所得ではなく収入金額が課税標準。

課税の議論が明示されないのは，シャウプ勧告によって事業税の所得型付加価値税への移行が示されたことが影響していると考えられる。

　外形標準化の議論を経て2004年度に，資本金が1億円を超える法人に対して，所得割に加えて，付加価値と資本金を課税標準とする付加価値割と資本金割が導入された。法人企業への外形標準課税には，赤字であっても税負担を求めることについて強い反対意見もあり，導入は比較的規模が大きな法人に限定された。その結果，2020年度では事業税の課税対象となっている普通法人は約263万社で，外形標準課税の対象となっている資本金が1億円超の法人は2万1,000社と1％以下となっている。なお，近年，地域間の税収偏在への対応として，地方の法人課税の見直しが行われているが，これについては後述する（第14章）。

　法人住民税と同様に，事業税も複数の都道府県にまたがって活動している法人の税について，地域間の税収の分割基準がある。事業税の分割基準は，従業者のみを基準にしていると，工場の自動化などによってその活動（生産）規模との間でアンバランスが生じる。そこで，事業所（事務所）が立地する地域での税収確保のために分割基準の変更も行われてきた。2022年現在は，製造業については従業者数（ただし，資本金1億円以上の法人については工場の従業者数を1.5倍する），そして非製造業は2分の1を事業所数，2分の1を従業者数に基づいて分割して納税する。

第**11**章 相続税と贈与税

　第1章で税を所得，消費，資産という課税ベースで分類した。このうち所得と消費はフローの概念であり，資産はストックの概念である。一例を示すと，1ヶ月で獲得した所得やこの間の消費はフローで，月末の現金残高はストックである。

　本章では，ストックに対する国税である相続税・贈与税を中心に資産課税について説明する。

11.1　資産に対する課税

■　フローの課税とストックの課税

　フローに対する課税とストックに対する課税を簡単なケースを用いて説明してみよう。

　設備装置（1台1,000の価値）を10台用いて生産活動が行われ，1年間で1台当たり500の所得（付加価値）を生み出すものとする。つまり，この経済の1年間の総所得は5,000ということになる。5,000の所得の2分の1が消費されるとすると，フローの課税ベースとしては所得が5,000，消費が2,500そしてストックの課税ベースである資産が10,000である。

　これらの課税ベースから1,000の税収を確保するためには，所得に対して20％もしくは消費に対して40％という課税が考えられる。ここでストックへの課税を考えるならば，課税ベースは10,000ということになる。ストックに基づいた課税は，ストック額（10,000）の10％という方法と，ストック1,000（1台）当たりの金額（100）として税額を算出する方法がある。10台のうち

10%に相当する1台を税として徴収することも考えられるが，これでは生産能力が減少することになる。

　基本的には生産能力であるストックを減少させるような課税方式はとられない。税額の算出のための課税標準にストックを用いても，その税の支払いはフローの資金から行われることを前提とする。これに対して，資産の一部を税として徴収している現行の制度は相続税である。相続税は親から子に資産が移転される時点でその資産を縮小させる。そして，資産額が大きいほど負担率が高くなる累進的な構造となるよう設計されており，資産の保有状況の不平等を縮小する再分配効果が生じる。

◻ 相続に対する課税

　相続にともなう世代間の資産（遺産）の移転に対する課税方法は大きく2つに分けることができる。1つは残される遺産に着目して課税する遺産税方式，もう1つは遺産を受け取る側に着目して課税する遺産取得税方式である。相続においては，遺産を残す者（日本の制度に合わせて，以下，被相続人）は1人で，遺産を受け取る者（以下，相続人）は1人から複数人までさまざまなケースがある。

　相続人が1人の場合は，遺産税でも遺産取得税でも課税ベースは同じで，どちらの方式で課税しても同じことになる。一方，累進的な税率を前提とすれば，相続人が複数で遺産を分割して受け取る場合には，遺産税方式と遺産取得税方式とでは税額に違いが生じる。

　ここで2つの課税方式を簡単な数値例を用いて比較してみよう。

　課税対象となる資産の金額に応じた税額の割合を**表11-1**のように設定する。

表11-1　資産額と税率

資産額	税率	税額
100	10%	10
200	15%	30
500	30%	150
1,000	50%	500

遺産額が1,000であれば，遺産税の税額は500，そして相続人が１人であれば遺産取得税の場合も同じく500の税となる。遺産税方式の場合には相続人の数に関わりなく同じ税負担で，遺産の分割割合に関係なく遺産に対する税額の割合も同じになる。

　一方，遺産取得税方式では遺産の取得額によって税額は変化する。仮に複数の子供がいても，１人が全額（1,000）を取得すれば税額は500となる。しかし相続人が２人で500ずつ分割される場合は，それぞれ30％，150の税額となる。各相続人は350ずつ受け取り，税額は合計で300となる。このように，遺産取得税方式のもとでは，遺産総額が同じでも実際に遺産を受け取る相続人の数や分割のパターンによって合計の税負担は異なることになる。

　遺産税方式では，1,000を２人で500ずつ分割するケースでは課税後の受取額がそれぞれ250になる。一方，資産額が500で相続人が１人の場合は税額は150であり，相続人の受取額が同じ500であっても税額が異なる結果になる。

　世代間の資産移転時の課税において，その課税ベースとなる資産を被相続人（たとえば親）の生涯を通した経済活動の残余と見なせば遺産税方式が採用され，相続人（たとえば子）による遺産の取得と見なせば遺産取得税方式が選択されると考えられる。つまり，前者であれば資産の分割の状況に関係なく税額が算出され，後者であれば分割によって受け取る資産額に応じて税額が算出される。

11.2　相続税の意義と効果

■ 相続税の意義

　相続税の意義についてはさまざまな検討が行われてきた。日本では1905（明治38）年に相続税が創設されたが，財務省はその理由を"日露戦争の戦費調達のため"と説明している。ただし同年の相続税の税収は400万円程度で，税収総額２億4,000万円に対しては２％にも達していない[1]。財政運営に

---

1)　大蔵省『明治大正財政史』より。

おける相続税の比重は現在でも低く，2022年度予算では相続税の税収は２兆円台で，国の税収約60兆円に対して３％程度にとどまっており，税収確保の観点からは重要性は低い。

　海外の状況を見れば相続税が実施されていない国もあり，その導入には社会的環境や富の分配に対する考え方が背景にある。日本の相続税についてはその課税根拠としていくつかの点が指摘される。日本の税制の基礎となったシャウプ勧告では相続資産に課税する主たる目的として「不当な富の集中蓄積」の阻止とそれによる「国庫に寄与」が示された。

　「不当な」資産の蓄積といえば，今日であれば犯罪やマネーロンダリングがイメージされる。しかし，シャウプ勧告の当時は，戦後の混乱期で不当と思われる資産形成も見られ，言わば相続税は懲罰的な意味もあったと考えられる。

　現在の相続税は，富の分配における集中を抑制する再分配が期待されている。また，その意義としては“所得税の補完”も指摘される。生涯を通じて毎年の稼得に対する所得税を負担しているが，金融所得の一部のように高額であっても低税率での分離課税の対象となっている所得に関しての相続税は所得税の補完と位置づけることはできる。しかし，相続財産がどのような経緯で蓄積されたかで区別することはできず，所得税の補完は所得税負担後に残された資産への課税という意味でしかない。

　このように考えれば，現在の相続税への期待は，世代を超えた資産の移転時に課税することで富の再分配効果を発揮することである。この場合の再分配の効果とは累進的な課税によって富の分配状況に生じている不平等を縮小することである。

■ 相続税の経済効果と公平性

　相続時に課税されることで資産が減らされる。このことは個人の経済活動に対して何らかの影響を及ぼすと考えられる。相続される資産は，生涯を通じた資産の蓄積であり，その前の世代から受け継いだ資産に，毎年の所得からの貯蓄が加えられる。資産に対する課税が個人の経済活動に及ぼす影響としてしばしば指摘されるのは，資産を増加させる意欲，つまり所得を獲得す

る意欲を減退させる点である。

　次に，相続税が存在することで，フローの所得からの資産の蓄積をやめて消費を増加させることが考えられる。

　前者であれば経済自体が縮小する可能性があるが，後者であれば短期的には消費が拡大し経済が活発化するかも知れない。もちろんどのような影響をもたらすかは資産に対する税の割合や負担の累進性の強さに依存するものであるし，相続税の対象となる個人の意識もその背景となる。しかし，個人の行動に対応して個別の税制を設定することはできず，全ての人の資産に対して共通した税制を適用しなければならない。その際，重要なことは公平性の確保である。

　相続税は資産の大きさに応じて累進的に課税する税制である以上，所得税と同じように水平的公平と垂直的公平を考えなければならない。つまり，同じ資産額であれば同じ税額，大きな資産ほど多くの税額ということである。その際の資産を遺産額とするか個々の相続人が受け取る資産とするかによって課税方式が選ばれるが，それぞれに公平性が求められ，資産保有の不平等度を縮小する累進的な負担構造になるように設計される。

▣ 相続税の再分配効果

　今日，相続税を課す最も一般的な根拠は資産分配の不平等が世代を超えて拡大していくことを防ぐことである。相続において，資産が親から複数の子供に分割される場合には，それだけで資産分配の不平等は縮小する。いま，A，B，Cの3つのグループ（家）の資産保有が

　　10，10，100

であるとする。この時の不平等度（集中度）を示すジニ係数（第12章163ページ参照）は0.5である。

　Cの資産がC1とC2の2人に相続され，

　　10，10，50，50

となると，この4人で求めたジニ係数は0.33に縮小する。つまり，経済単位として独立した複数の個人への分割が起きれば，課税とは関係なく資産の集中は緩和されるということである。

これがさらに，Cの100（C1とC2，それぞれの50）に対して20％の税率で課税されると，それぞれの資産は，

　　10，10，40，40

となり，4人のジニ係数も0.3に低下する。

　世代を超える資産の移転である相続時に課される相続税による資産の再分配効果を考察する際には，資産自体が分割されることによる効果と，課税の効果の2つに分けて考える必要がある。

11.3　日本の相続税

■　課税方法

　上述のように遺産税方式のもとでは相続人の数に関係なく遺産額が同じであれば同じ税負担である。一方，遺産取得税方式では，遺産額の大きさとは無関係に，個々の相続人が受け取る資産額が等しければ同じ税負担となり，各相続人が受け取る金額によって税額が異なる。そして累進課税を前提とすれば，分割される金額によって負担率も異なる結果となる。

　日本の相続税は，同じ遺産額で相続人の数が同じであれば実際に相続人の間で資産の分割がどのように行われるかにかかわらず税負担は等しくなる。つまり，日本の相続税は相続される資産を課税対象とするが，税額は遺産の総額と相続人の数に基づいて算出される。相続税制でいう相続人の数とは，民法の規定に従って定められる法定相続人の数であり，遺産の総額と法定相続人の数が同じであれば実際の分割割合にかかわらず税負担の総額が等しくなるように設定されている。

　このように，日本の相続税は遺産総額が同じであっても，相続人の数によって税負担が異なることから遺産税とは言えない。そして遺産総額と相続人の数が同じであれば分割割合にかかわらず税の総額が同じになるという点は，厳密な意味での遺産取得税とも異なっている。このことから日本の相続税はしばしば遺産税方式と遺産取得税方式の折衷と指摘される。

　遺産取得税を公平に実現するためには，実際に相続人の間でどのように分

割されたかを把握する必要があり，累進課税のもとでは，最も税負担が小さくなるのは相続人の間で均等に分ける時である。日本の相続税は，原則として遺産が均等に分割されることを前提にした遺産取得税と言うことができる。

■ 課税対象の推移

相続税の課税対象となるのは，不動産や金融資産など全ての資産である。ただし，実際の課税においては，一定の課税最低限が設けられ，それを上回る資産だけが対象となる。

図11-1は2020年に相続税が課税された資産の内訳である。相続人の取得財産の総額は19兆3,590億円で，土地が6兆7,240億円，現金，預貯金等が6兆5,580億円とこれら2つで約7割を占める。このほかに，株式等の有価証券，家屋等の建物がある。相続税の課税対象となるのは，これらの財産から債務を差し引いた額（課税価格）であり，2020年は18兆590億円である。

図11-1　相続人の取得財産価額（2020年）

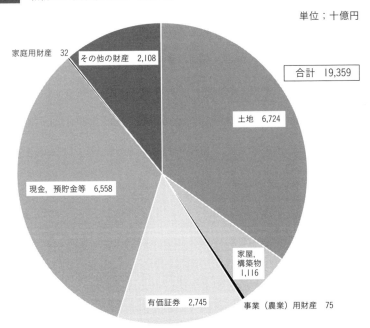

単位；十億円

家庭用財産　32
その他の財産　2,108

合計　19,359

土地　6,724

現金，預貯金等　6,558

家屋，構築物　1,116

有価証券　2,745

事業（農業）用財産　75

出所）『国税庁統計年報（令和2年度版）』より，筆者作成。

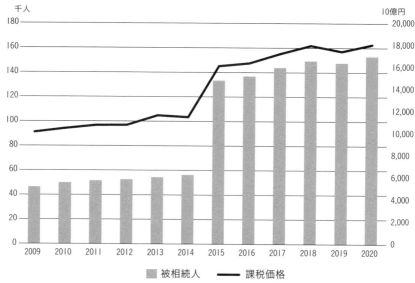

図11-2 相続税の申告をした被相続人数と課税価格の推移

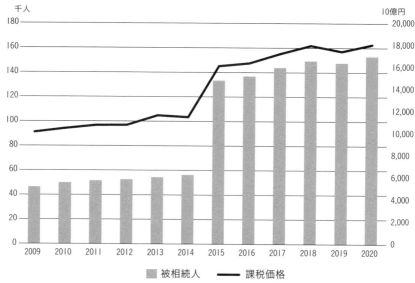

資料）『国税庁統計年報』。

　図11-2は2009年以降の相続税を申告した被相続人（死亡により遺産を残した者）の数と課税価格の推移である。

　2014年から2015年にかけて被相続人，課税価格いずれも大きく増加している。これは2015年の改正によって相続税の課税最低限（後述）が引き下げられたためである。2017年以降，相続税の申告を行う被相続人は約14万～15万人，課税価格は17兆円台で推移している。

　相続税の申告は，申告によって課税が行われるケースと，課税価格が課税最低限以下で納税義務が生じないケースとがある。2020年に相続税の申告のあった被相続人15万3,023人のうち課税対象となったのは12万372人で，同年の死亡数137万人のうち8.8%に相当する。

　表11-2は死亡件数と相続税の課税件数の推移を見たものである。相続税の課税件数は長期的には4～5％で推移してきたが1990年頃のバブル期に6～7％台に上昇した。その後課税最低限の引上げによって4％台に低下していたが，2015年の改正以降は8％台に上昇している。

表11-2　死亡件数と相続税の課税件数

	死亡件数 (a)	課税件数 (b)	(b)／(a) (％)
1980年	722,801	26,797	3.7
1985	752,283	48,111	6.4
1990	820,305	48,287	5.9
1995	922,139	50,729	5.5
2000	961,653	48,463	5.0
2001	970,331	46,012	4.7
2002	982,379	44,370	4.5
2003	1,014,951	44,438	4.4
2004	1,028,602	43,488	4.2
2005	1,083,796	45,152	4.2
2006	1,084,450	45,177	4.2
2007	1,108,334	46,820	4.2
2008	1,142,407	48,016	4.2
2009	1,141,865	46,439	4.1
2010	1,197,012	49,891	4.2
2011	1,253,066	51,559	4.1
2012	1,256,359	52,572	4.2
2013	1,268,436	54,421	4.3
2014	1,273,004	56,239	4.4
2015	1,290,444	103,043	8.0
2016	1,307,748	105,880	8.1
2017	1,340,397	111,728	8.3
2018	1,362,470	116,341	8.5
2019	1,381,093	115,267	8.3
2020	1,372,755	120,372	8.8

出所)『財政金融統計月報（租税特集）』，財務省「相続税・贈与税に係る基本的計数に関する資料」（https://www.
mof.go.jp/tax_policy/summary/property/e07.htm)。

(備考) 1. "死亡件数(a)"は『人口動態統計』（厚生労働省)，その他の計数は『国税庁統計年報』による。
　　　 2. "課税件数(b)"は，相続税の課税があった被相続人の数である。

◻ 相続税の算出

　相続税は，被相続人（死亡した者）の資産額から負債額を差し引いた遺産
額（課税価格）と遺産を受け取る者（相続人）の数に基づいて算出される。
その際，相続人の間で実際にどのように分割されたかとは無関係で，相続人
の数が同じであれば同じ税額になるように算出される。

　遺産を受け取る相続人は必ずしも直系の子だけとは限らない。そこで，相
続における法定相続人と遺産を法律上どのように分割するか（法定相続分）

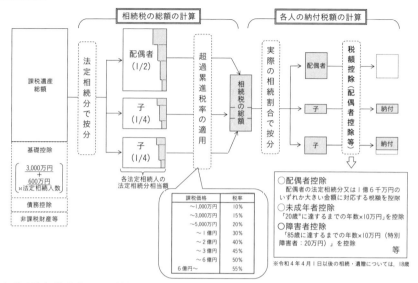

図11-3　相続税の仕組み

出所）財務省「相続税に関する基本的な資料」
(https://www.mof.go.jp/tax_policy/summary/property/e01.htm)。

は，民法の規定によって定められている。相続税は各相続人の法定相続分に基づいて算出し，それを合計した額を実際の相続割合に応じて按分する。相続税の計算の流れを国税庁のホームページに掲載されている図（**図11-3**）に沿って説明する。なお，被相続人の法定相続人として，配偶者と2人の子供がいると想定する。

　まず，遺産から相続される債務と非課税財産（死亡保険金等の非課税資産と小規模宅地等の特例による減額分等）を差し引いた課税価格を算出する。そして課税価格から，法定相続人の数によって決定される基礎控除（3,000万円＋600万円×法定相続人）を控除した課税遺産総額が税額算出の基礎となる。

　次に課税遺産総額を法定相続相当分で分割し，それぞれの金額に税率表を適用して税額を算出する。図のケースでは配偶者が2分の1，そして子供2人は残りの2分の1をさらに2で割った4分の1ずつとなる。それぞれに求めた税額を合算したものが総税額となり，この金額を実際に分割された相続割合で按分した金額が各相続人の税負担となる。その上で図中に示されてい

154

るように，配偶者については遺産総額の2分の1，もしくは1億6,000万円のいずれか大きい金額に対応する税額控除が認められている。言いかえると配偶者については1億6,000万円までの遺産，それを超える場合は遺産総額の2分の1は相続税負担を負うことなく遺産を受け取ることができる。これには夫婦の場合，資産は協力して蓄積されたものであるという考え方とともに，夫婦間の移転は同世代間で行われるものであり，資産の不平等の世代を超えた継承には当たらないことが背景にある。

■ 相続税の税率

　相続税に期待される大きな役割が資産保有の不平等を縮小する再分配効果である。そのため，相続税は所得税と同じように基礎控除等を控除した相続人1人当たりの課税価格に対して超過累進率が適用される（図11-3，後出の図11-4参照）。

　2022年の税率表は課税価格1,000万円以下の10%から6億円超の55%まで8段階である。最高税率は所得税の最高税率（45%）と所得割住民税（10%）の合計と同じである。最高税率は1980年代まで75%，2003年まで70%であったものが近年は50%，つまり，資産額が大きくてもほぼ2分の1の税負担ということになっている。

11.4　相続税の課題

■ 地価の変動と相続税

　相続税の課税対象となる資産は現金や預貯金のようにその額面が明確になっているものもあるが，相続の発生時点での資産価値を正確にそして公正に把握するために，評価を行わなければならない資産がある。その代表的な資産は土地である。土地については，国税庁が毎年1月1日の路線価を7月頃に発表している（38万地点）。路線価は公示価格の約8割とされている。公示価格よりも低く評価されているのは，相続税支払いのための現金化の容易さ（流動性）が預貯金等の金融資産よりも低いためである。

現金や預貯金以外の資産は，経済の動向や投機的な理由によってその価値（価格）が変動する。そのため価格が変動する資産の相続は，同じ資産であってもそのタイミングによって課税の対象となる場合とならない場合が生じたり，課税されるとしてもその税額に差が生じたりする。**図11－4**は地価の変動と相続税制の改正の関係を示したものである。1983年からバブル期，バブル崩壊を経て2021年までの地価（公示価格）を見ると1991年をピークに急激に上昇し，その後バブル期以前を下回るほど下落して推移していることが示される。

1980年代後半，地価がしだいに上昇し，特に都市部で居住用の不動産を相続した場合に次の世代が住み続けることが困難になる。1980年代後半には，表11－2で示されている死亡件数に対する課税件数の割合は上昇し，1987年には7.9％とそれまでで最も高くなる。これを受けて1988年の改正で課税最低限が引き上げられ，課税件数の割合は低下するが，地価の上昇は91年まで続くため課税件数の割合は6％程度で推移する。その後はバブル崩壊によって地価の下落は続き，2000年代に入ると課税件数の割合は4％台前半で安定

図11－4 　地価公示価格指数の推移と相続税の改正

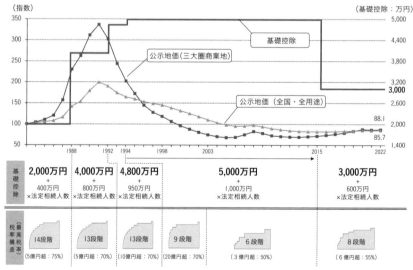

出所）財務省「相続税の改正に関する資料」
　　　（https://www.mof.go.jp/tax_policy/summary/property/e02.htm）。

するようになる。

　2000年代に入り，長く経済の低迷が続く中で，社会的には「格差社会」が
クローズアップされたこともあり，相続税のあり方も課題となる。これを受
けて2015年の改正では課税最低限が引き下げられ，死亡件数に対する課税件
数の割合は 8 ％台に上昇する。

☐ 事業承継と相続税

　株式会社は経営と所有が分離される企業体である。個人株主が保有する株
式は当然相続税の課税対象となり，その評価には基本的に市場価格が用いら
れる。通常，個々の株式保有者に相続が生じたとしても，企業体の事業活動
にとっては影響は生じない。しかしながら，株式が非上場である中小規模の
企業では経営者と株主が重複しているケースが多く，親から子への事業承継
が行われることがある。

　その際，株式への相続税の課税がその世代交代にともなう事業承継を困難
にする可能性がある。株式が非上場の企業（会社）の株式の評価は以下のよ
うに行われる。まず大企業の場合は類似業種の配当，利益，純資産に基づい
て評価を行い（類似業種比準方式），小規模の企業の株式は原則として会社の
総資産と負債に基づく純資産価額方式によって評価する。

　社会全体の少子高齢化が進む中で日本の中小企業は後継者不足が問題と
なっている。一方で，日本経済において中小企業の果たしている役割は大き
く，相続時の課税がさらに継続を困難なものにすることが指摘され，事業承
継を伴う相続税については，事業の継続を条件として納税を猶予する措置が
制度化されている。

　非上場株式の相続に対する相続税については，2009年以降，非上場株式に
係る税額の53％（議決権総数の 2 / 3 ×80％）を上限として納税猶予が認めら
れるようになり，2018年からは，10年間に限って対象株式数の上限が撤廃さ
れ，納税猶予の割合が100％に拡大されている。

　後継者の死亡や会社の破産といったやむを得ない事情が発生した場合には，
猶予された納税が免除されることもある。

　しかしながら，納税猶予は課税の繰り延べに過ぎないことから，事業承継

がある場合には，資産の一定額を相続税の課税ベースから除外する控除方式を求める意見もある[2]。

11.5　贈与税

■ 贈与税の意義

相続による資産移転にだけ相続税が課されるのであれば，当然のことながら親の生前に資産を子に移転（贈与）するケースが増える。この場合，資産の移転のタイミングの選択に対する中立性が阻害されるとともに，同じ大きさの資産移転でも税負担が異なるという不公平も生じる。そこで日本の税制では生前贈与に対して贈与税を課している。

贈与税は相続税の補完的役割を果たすものであり，税法上も相続税法の中に規定がある。そして贈与税には，毎年の贈与に応じて課税する暦年課税と生前贈与分も相続時に合算して相続税を算出する相続時精算課税という2つの課税方式がある。

■ 贈与税の課税方式

暦年課税の場合の贈与を受ける者（受贈者）は年間110万円までは贈与税の対象とはならず申告の必要はない。つまり，贈与税の1年間の基礎控除額は110万円である。

贈与税の額は，基礎控除を超える金額に超過累進税率（**表11−3**）を適用して算出される。そして贈与については，18歳以上の直系の子供，孫等への贈与（特例）とそれ以外（一般）に分けられ，表に示されているように，特例の税率は一般よりも軽減されている。最高税率はいずれも55％で相続税と同じであるが，それが適用される金額は4,500万円超（一般3,000万円超）で，相続税の6億円と比べれば遙かに低い金額に設定されている。

相続税と比べて，基礎控除も低く，最低税率の範囲も10分の1と，贈与税

---

2)　日本税理士会連合会　国際税務情報研究会（2020）『事業承継税制に関する国際比較に基づく研究』。

表11-3　贈与税の税率表（2022年）

基礎控除後の課税価格	一般 %	特例 %
200万円以下	10	10
200〜300万円	15	15
300〜400万円	20	
400〜600万円	30	20
600〜1,000万円	40	30
1,000〜1,500万円	45	40
1,500〜3,000万円	50	45
3,000〜4,500万円	55	50
4,500万円超		55

は同じ資産移転でも相続税よりも税負担は相当大きくなる。例えば，5,000万円を1人で受け取る場合，相続税であれば概算で160万円の税額，1,000万円ずつ5年間で受け取る場合（利子率や物価の変動は考えない）は1年で約170万円，合計でその5倍の850万円となり，贈与税のほうが負担は大きくなる。

　一方，相続時精算課税制度は，人口の高齢化が進む中で，高齢者が保有する資産の次世代への移転を促進し，消費を活性化することを目的として2003年度改正で導入された仕組みである。同制度を選択した場合には，贈与時点での贈与税が軽減され，その後の相続時点で，既に贈与した額と相続額を加えて相続税を算出し，贈与時点での贈与税額を控除することができる。なお，相続時精算課税を選択した場合には，再び暦年課税に戻ることはできない。

　2020年に相続税が課された相続人（遺産を受け取った者）30万6,000人のうち，相続時精算課税を選択して贈与税が税額控除されたのは約2,000人と全体に占める割合は低い水準にとどまっている。

第12章 所得再分配と社会保障

　今日の財政には，市場で実現する所得や富の再分配が期待されている。再分配は何を対象にどこまで実施するのかは常に大きな課題であり，社会にとっての関心事でもある。本章では，所得再分配の基本的な考え方について考察するとともに，日本の社会保障制度について概略を示す。

12.1　政府による所得再分配

◻ どれだけ所得再分配を行うか

　望ましい所得再分配を考えるために，有名なアメリカの財政学者マスグレイブがその著書の中で提示した，社会が2人（2グループ）で構成される簡単なモデルケースについて**図12－1**と**表12－1**を用いて説明しよう[1]。

　社会にHとLという2人の個人が存在し，単純化のためにHのみが勤労所得を得て，Lは再分配前には所得がゼロと仮定する。所得税はHのみに課税され，税収は全てLに再分配されるものとする。

　Hの単位時間あたりの賃金は10万円とする。またHは，課税によって労働時間を増加させるが，税率が高くなると次第に労働時間を短縮させ，税率100％では全く働かなくなるものとする。図12－1で，横軸はHの課税後の手取り所得を示し，縦軸はHからの税収によってLが給付される手取り所得を示している。

　もしHが課税によって勤労時間を全く変化させないとすれば，常に2人は

---

1) R.A.マスグレイブ[1984]『財政学－理論・制度・歴史』*Public Finance in Theory and Practice*（有斐閣）

図12−1 所得再分配のパターン

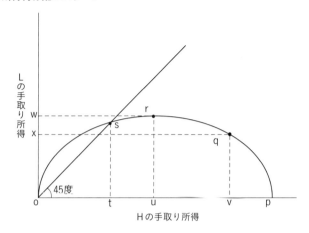

表12−1 所得再分配のパターン

ポイント	Hの税率	Hの労働時間	Hの課税前所得	税 収	Hの課税後手取り所得	Lの手取り所得
			万円	万円	万円	万円
p	0.00	6.0	60.0	0	60.0	0
q	0.15	7.0	70.0	10.5	59.5	10.5
r	0.30	5.0	50.0	15.0	35.0	15.0
s	0.50	2.5	25.0	12.5	12.5	12.5
o	1.00	0	0	0	0	0

総額の op を分け合うことになるが，Hは税率に応じて勤労時間を変化させると想定しているためにその組合せは pqrso の線上を移動することになる。

　点 p（表12−1：1行目）は，所得再分配政策が全く講じられていない税率0の状況である。ただしこの場合，Lは所得0で生活は不可能になる。

　税率15％の点 q（表12−1：2行目）では，Hが労働時間を増加させることによって，社会全体の所得（パイ）は最大の70万円となる。そして税率が15％であるから，Lの所得は10.5万円である。

　点 r（表12−1：3行目）は，低所得者Lの手取額が最大化される点である。税率は30％で，Hは勤労時間を5時間まで減らしている。

　また，社会の完全な平等を目指すのであれば原点からの45度線と交わる点 s

（表12-1：4行目）が選ばれるだろう。この時のHの勤労時間は2.5時間にまで減少し，社会全体の所得は25万円になる。

　p, q, r, sのうち，どの点が社会的にみて最も望ましいか，あるいはどの2点の間に最も望ましい解が存在するかは，社会的な背景や各人の判断に委ねられるが，制度的な枠組みとしては社会はどこかの点を選択することになる。このような望ましい所得分配の状況の検討は，財政による所得再分配政策の評価においては非常に重要な意味を持つ。

□　所得分配状況の指標 ——ジニ係数

　ジニ係数とは，社会全体の所得が高所得層にどれだけ集中しているかを示す指標である。ジニ係数を求めるために，横軸に所得の低い順に並べた個人（世帯）の累積比，縦軸にそれに対応する所得の累積比を取って，ローレン

図12-2　ローレンツ曲線

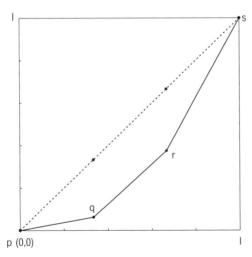

表12-2　所得分配の状況

	a	b	c	合計
①	2	10	20	32
②	4	16	30	50

ツ曲線と呼ばれる曲線を引く。**図12－2**が３人の場合のローレンツ曲線である。

表12－2の３人の社会の例①では，最も所得の低いa（つまり所得の低い方から１／３）が社会全体の所得のうち１／16を，aとb（つまり所得の低い方から２／３）が６／16を得ている。原点p（0,0）とs（1,1）は必ず通ることになるので，これらを結んで描いたのが，図12－2のローレンツ曲線pqrsである。社会の構成員が全員同じ所得を得ている場合には，このローレンツ曲線は対角線psになり，高所得層に集中しているほど対角線から下方に離れていくことになる。

ジニ係数は，対角線psとローレンツ曲線pqrsで囲まれた部分の面積が，対角線psの下の三角形（面積は0.5）に対してどれだけの比率になっているかを求めたものである。

３人の社会の例①では，以下のように求められる（算式には幾通りかの方法がある）。

$$\frac{0.5 - \left\{ \frac{1}{3} \times \frac{1}{16} \times \frac{1}{2} + \frac{1}{3} \times \left(\frac{1}{16} + \frac{6}{16} \right) \times \frac{1}{2} + \frac{1}{3} \times \left(\frac{6}{16} + 1 \right) \times \frac{1}{2} \right\}}{0.5}$$

$$= \frac{3}{8} = 0.375$$

同様にして，表12－2の３人の社会の例②もジニ係数を求めると，

$$26 / 75 = 0.347$$

となり，①と②を比較すれば前者のほうが不平等度は大きいという結果が得られる。

12.2　さまざまな所得再分配

■　政府支出を通じた再分配

　税を財源とする財政は，その全体を通じて再分配効果を持つ。純粋な公共財の特徴である等量消費を前提に，所得に対する比例税を考える。所得を横軸に取って受益と負担の関係を表すと**図12－3**のように示される。受益と負担が交わる点よりも左側ではネットの受益，右側ではネットの負担となる。つまり，結果的に高所得者から低所得者に再分配が行われたことになる。

　ただし，このような政府支出によって提供される公共サービスが再分配と意識されることは少ない。セーフティネットとしての再分配政策である後述の生活保護のような現金給付ではなく一般的な歳出の中で直接的な再分配として意識されるのは，子供手当や児童手当のような現金給付である。かつての民主党政権の際に導入された子供手当はその財源確保が大きな問題になったが，全ての所得に比例的あるいは消費税のような消費に対する比例的な税を財源として子供1人当たり定額の給付を行えば，給付対象の子供のいない世帯から子供のいる世帯への再分配となる。

図12－3　ネットの受益と負担

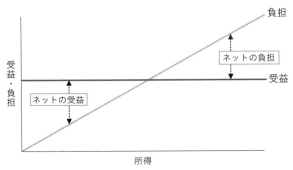

■ 税制による再分配 ——負の所得税

　第4章で見たように，累進的な所得税は，課税前と課税後で所得分配の不平等度を縮小するという意味で再分配効果を持つ。この税負担の支払いに加えて，一定額の所得を給付する仕組みを税制に組み込んだのが「負の所得税」の考え方である。

　図12－4は，負の所得税を簡単な図で示したものである。横軸は課税前の所得，縦軸は課税後の所得，そして点線の45度線（x）は税がない時の状況である。実線（y）は，課税前所得がaを超えると超える金額に対して比例的な所得税が課されるケースである。

　所得がa以下の人は，b＝aの水準の所得が保障され，線beと45度線の間で示されるマイナスの税額となり，この金額が給付される。この給付額の算出と給付を所得税制を通して実施するのが負の所得税である。

　図のように，課税前所得がa以下の人に対して全て同額aの所得が保障されるのであれば，所得がa以下の人は自ら所得を獲得するインセンティブが

図12－4　負の所得税

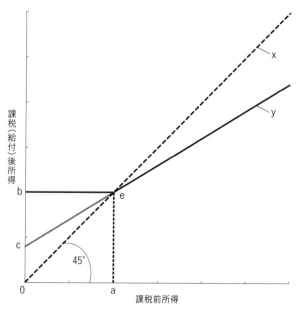

働かない。そこで，点eの左側でも傾きを持たせ，課税前所得がaに達するまで給付額を少しずつ減額させる方式が考えられる。図では，課税前の所得が0の時にcの所得を保障するケースを示した。全ての所得に比例税を課すと設定すれば，税額Tは以下の式で求められる。

$$T＝課税前所得×税率 t－c$$

したがって，課税前所得がaより低ければ税額はマイナスの値となり，課税前所得が0のとき－c，つまりcの給付となる。近年，さまざまな方向から取り上げられる給付型税額控除は単純化すればこれと同様の仕組みと考えることができる。

☐ 世代間の再分配 ——積立方式と賦課方式

年金は，同じ世代の中での若年期（勤労者世代）から老年期（高齢者世代）への，あるいは，同じ時代の中での若年層（勤労者世代）から老年層（高齢者世代）への再分配である（**図12－5**）。

前者の年金制度は，現役時代に貯蓄して，その運用益と合わせて老後に受け取る所得を確保する仕組みである（図12－5：(2)）。この枠組みは，各個人が将来を見すえて必要額を貯蓄することでも実現することができる。しかしながら，個人の意思に基づく貯蓄ということであれば，その備えをしない人がいる可能性が生じる。また，貯蓄を終えた後の生存年数も人によって個

図12－5 世代間の再分配

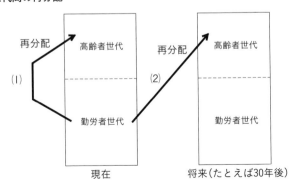

人差があり，それを各人が予見して必要額を貯えることは不可能である。

そこで，政府が一定の強制力を備えた形で積立てを行い，全ての人が老後の年金を受け取ることができるようにする必要性が生じる。これが積立方式の年金制度である。そして，この積立てを社会保険の枠組みで展開すれば，雇用者の場合，積立てられる社会保険料を本人と事業主が折半して支払うことになる。

これに対して，現役の勤労者世代の負担でその時点の高齢者世代に給付する年金の財源調達を行うのが賦課方式である（図12-5：(1)）。時として，"高齢者1人を，現役世代○人で支える"という表現がなされるのは，この賦課方式が前提となっている。社会保険方式では，現役世代の支払う保険料は雇用者本人と事業主が折半することになる。

賦課方式の年金にはもう1つ，税による財源調達も考えられる。給与所得に対する税は現役世代が中心であり，現役層から高齢層への所得再分配の性格を持つ。しかし，消費税のような消費課税は全ての世代が負担し，また，金融所得からの税収はむしろ年齢の高い階層の割合が高く，必ずしも全てが世代間の再分配にはならない。

12.3　日本の社会保障制度（1）医療制度

■　医療提供の方式

人は誰でもが病気やけがのリスクと隣合せである。成熟した社会では，国民（住民）は，病気やけがに対して，誰もが医療サービスを受けられることを期待する。医療に対する政府の関わりは，大きく3つのパターンがある。第1は，政府による関与は最小限にとどめ，基本的には市場に委ねるパターンである。第2は，医療に対して税を投入し，一般的な医療は無料で受診できるようにするパターン，そして第3は社会保険による国民のカバーである。第1のパターンはアメリカがその代表である。アメリカではもともと高齢者や低所得者を対象とした医療扶助の制度だけで，基本的には医療保険への加入は任意で加入することのできない低所得者は高額の医療サービスが受けら

れない状況が生じていた。オバマ元大統領は全国民を対象とした医療保険の構築を目指したが，トランプ政権の下でその動きは止められた。第2の税を財源とした医療制度を持つ国には，イギリスやカナダがある。そして日本やフランスなどは第3の社会保険方式の医療制度を採用している。

■ 日本の医療制度

日本の医療は，1961年にそれまでの被用者しか加入していなかった医療保険に加えて，被用者以外の全ての国民が加入する国民健康保険が設立されたことで，「国民皆保険」が達成される。公的医療保険は，保険の運営主体で

表12−3　公的医療制度の概要

	市町村国保	協会けんぽ	組合健保	共済組合	後期高齢者医療制度
保険者数 (2019年3月末)	1,716	1	1,391	85	47
加入者数 (2019年3月末)	2,752万人 (1,768万世帯)	3,940万人 (被保険者2,376万人 被扶養者1,564万人)	2,954万人 (被保険者1,672万人 被扶養者1,282万人)	858万人 (被保険者454万人 被扶養者404万人)	1,772万人
加入者平均年齢 (2018年度)	53.3歳	37.8歳	35.1歳	32.9歳	82.5歳
65〜74歳の割合 (2018年度)	43.0%	7.5%	3.3%	1.4%	1.8%(※1)
加入者一人当たり 医療費(2018年度)	36.8万円	18.1万円	16.0万円	15.9万円	94.2万円
加入者一人当たり 平均所得(※2) (2018年度)	86万円 (一世帯当たり) 137万円	156万円 (一世帯当たり(※3)) 258万円	222万円 (一世帯当たり(※3)) 391万円	245万円 (一世帯当たり(※3)) 461万円	86万円
加入者一人当たり 平均保険料 (2018年度)(※4) <事業主負担込>	8.8万円 (一世帯当たり) 13.7万円	11.7万円<23.3万円> (被保険者一人当たり) 19.4万円<38.7万円>	12.9万円<28.4万円> (被保険者一人当たり) 22.8万円<50.0万円>	14.3万円<28.6万円> (被保険者一人当たり) 27.0万円<53.9万円>	7.1万円
保険料負担率	10.0%	7.5%	5.8%	5.8%	8.3%
公費負担	給付費等の50% +保険料軽減等	給付費等の16.4%	後期高齢者支援金等の負担が重い保険者等への補助	なし	給付費等の約50% +保険料軽減等
公費負担額　(※5) (2021年度予算案ベース)	4兆3,734億円 (国3兆1,741億円)	1兆2,357億円 (全額国費)	720億円 (全額国費)		8兆3,656億円 (国5兆3,308億円)

(※1)　一定の障害の状態にある旨の広域連合の認定を受けた者の割合。
(※2)　市町村国保及び後期高齢者医療制度については，「総所得金額（収入総額から必要経費，給与所得控除，公的年金等控除を差し引いたもの）及び山林所得金額」に「雑損失の繰越控除額」と「分離譲渡所得金額」を加えたものを加入者数で除したもの。(市町村国保は「国民健康保険実態調査」，後期高齢者医療制度は「後期高齢者医療制度被保険者実態調査」のそれぞれの前年所得を使用している。)
　　　　協会けんぽ，組合健保，共済組合については，「標準報酬総額」から「給与所得控除に相当する額」を除いたものを，年度平均加入者数で除した参考値である。
(※3)　被保険者一人当たりの金額を指す。
(※4)　加入者一人当たり保険料額は，市町村国保・後期高齢者医療制度は現年分保険料調定額，被用者保険は決算における保険料額を基に推計。保険料額に介護分は含まない。
(※5)　介護納付金，特定検診・特定保健指導等に対する負担金・補助金は含まれていない。
出所)　厚生労働省『我が国の医療保険について』(https://www.mhlw.go.jp/stf/seisakunitsuite/bunya/kenkou_iryou/iryouhoken/iryouhoken01/index.html)。

ある保険者によって，①市町村国保（国民健康保険），②協会けんぽ（全国健康保険協会管掌健康保険），③組合健保（組合管掌健康保険共済組合），④共済組合，そして各保険者を横断的に75歳以上の高齢者を対象とした，⑤後期高齢者医療制度の５つの制度によって成り立っている。それぞれの概要は**表12－3**に示した通りである。

　加入者が医療を受ける際の自己負担は，70歳未満の者は原則として３割（給付割合が７割），義務教育就学前の児童と70歳以上75歳未満の者は２割，そして後期高齢者医療制度の対象となる75歳以上の者は１割である。ただし，70歳以上であっても現役世代の平均的な所得を稼得している場合は３割負担となる。

12.4　日本の社会保障制度（2）公的年金制度

■ 公的年金制度の概要

　日本の場合，年金給付は勤労者世代からの社会保険料に加えて，積立金からの資金が給付財源となる一方で，基礎年金については２分の１が公費負担と定められているように一部は税方式である。年金制度の創設から成熟へと向かう中で年齢階級別の人口構成に大きな変動が生じ，制度的な対応も少しずつ変更しながら現状はハイブリッドな仕組みになっていると言える。

　被用者年金制度の一元化に伴い，2015年10月から公務員および私学教職員も厚生年金に加入することになった。また，共済年金の職域加算部分は廃止され，新たに年金払い退職給付が創設された。

　図12－6は，2021年現在の公的年金の仕組みと，加入者数を示したものである。１階部分は全国民が加入する国民年金（基礎年金），２階部分は民間会社員や公務員等が加入する厚生年金である。これらはいずれも強制加入であり，加入が任意の３階部分として，各企業が独自に実施する企業年金等と，iDeCoと呼ばれる個人型確定拠出年金がある。

図12-6　公的年金の状況

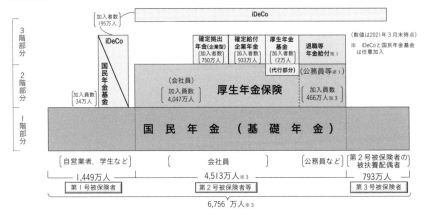

※1　被用者年金制度の一元化に伴い，2015年10月1日から公務員および私学教職員も厚生年金に加入。また，共済年金の職域加算部分は廃止され，新たに退職等年金給付が創設。ただし，2015年9月30日までの共済年金に加入していた期間分については，2015年10月以後においても，加入期間に応じた職域加算部分を支給。

※2　第2号被保険者等とは，厚生年金被保険者のことをいう（第2号被保険者のほか，65歳以上で老齢，または，退職を支給事由とする年金給付の受給権を有する者を含む）。

※3　公務員等，第2号被保険者等及び公的年金全体の数は速報値である。

出所）厚生労働省『年金制度の仕組みと考え方』（https://www.mhlw.go.jp/stf/nenkin_shikumi_03.html）。

▨ 公的年金の公費負担

　公的年金に関しては，基礎年金の一定割合（2分の1）は公費（税）が投入されている。年金に関する公費（税）の投入の根拠として，2002年の社会保障審議会は，次の3点を指摘している[2]。

「①　保険料よりも税のほうが確実に財源として確保できるので，公的年金に対する将来不安が解消可能。

②　国民年金の空洞化問題（＝未加入者・未納者の増加に伴う低年金，無年金問題）を解決できる。

③　逆進性の高い定額保険料・定額給付問題，障害無年金者問題，第3号被保険者問題といった諸問題に対する解決策となりうる。」

2）　2002年4月社会保障審議会年金部会（第3回）（https://www.mhlw.go.jp/shingi/2002/04/s0419-3b.html）。

年金制度の維持に向けて

　年金制度の維持やその安定性は，人口構造に大きく依存する。年代を超え
て，人口の年齢構成が不変であれば，積立方式であるか賦課方式であるかを
問わず年金制度は長期的に安定したものとなる。ただし，積立方式の場合は，
積立金の運用益をもたらす金利以上のインフレーションが生じる場合には，
積立方式のみでの年金の運営は困難になる可能性が生じる。

　図12－7は2020年の日本の人口ピラミッドである。年齢階級別には，70－
75歳の第2次大戦後のベビーブームに誕生したいわゆる "団塊の世代" が最
も多く，若年層になるほど減少する。日本の年金制度は，1960年頃から充実
しはじめる。つまり，高度成長期が始まり，団塊世代が保険料を負担する労
働力として社会に参加し，その上の世代とともに支払う保険料が積み上げら
れていく。

　厚生年金と国民年金を合わせた積立金残高は2004年度末には150兆円近く
に達するが，その後は取り崩しが始まっている。2001年度以降は市場での運
用も行われるようになり，株式価格の上昇もあって近年は残高（時価）の上
昇も見られるが，年金の保険料収入と給付の比較では将来的には給付が上回
る状況が続く。

図12－7　日本の人口ピラミッド（2020年）

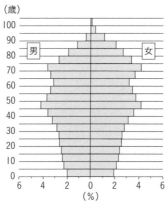

出所）総務省統計局『世界の統計2022』（https://www.stat.go.jp/data/sekai/0116.html#h2-01）。

この状況は若年層の減少によってさらに加速すると予想され，賦課方式の年金しか残らなくなる。人口の少子高齢化の中での年金制度の見直しは，世代間の比較の観点からも重要である。具体的には支給開始年齢，給付水準，負担水準が検討の対象となろう。また，保険料の負担層である労働力の厚みをどのように確保するのかも今後の大きな課題である。

12.5　日本の社会保障制度（3）介護保険

　人の平均寿命が延び，長寿社会になること自体は喜ばしいことである。ただ，高齢になるにつれて医療需要は拡大することが見込まれ，同時に，高齢化のために日常生活に支障をきたし，介護が必要になるケースも増える。

　日本ではもともと世代を越えた家族が同居し，高齢者の介護も自宅で行うことが当然と考えられていたが，社会の高度化，都市化の中で核家族も増えた。また，ヨーロッパなどの多くの先進国では，高齢者のケアを社会的に行うことが広がっていたこともあり，日本でも1990年代に老人ホームや在宅福祉の充実を図る計画が進められた[3]。その流れの中で，高齢者の介護については，税を財源としていわゆる老人福祉の枠組みで展開するか，社会保険のシステムを構築するかが検討され，2000年4月に介護保険制度が創設される。

　介護保険の被保険者は40歳以上の国民で，65歳以上の第1号被保険者と65歳未満の医療保険加入者の第2号被保険者に分けられる。保険を運営する保険者は市町村と特別区で，複数の市町村で広域連合を設置している場合は，広域連合となる。介護保険では，介護が必要になった時には原則として費用の9割が給付され，その財源は保険料と公費（税）が充当される。

12.6　日本の社会保障制度（4）生活保護

　憲法第25条では，「1．すべて国民は，健康で文化的な最低限度の生活を営む権利を有する。2．国は，すべての生活部面について，社会福祉，社会

3）　1988年にゴールドプラン，1994年に新ゴールドプランが策定された。

保障及び公衆衛生の向上及び増進に努めなければならない。」と規定されている。

　医療や年金といった社会保障政策が，２．の内容を実現するものであるのに対して，１．の規定を実現するのが生活保護制度である。生活保護制度は，都市と都道府県（町村部）が給付事務を行っており，疾病，障害，失業等の事情によって生活に必要な資金を獲得することが困難になった際，申請により受給することができる。生活保護による扶助には，①生活扶助，②住宅扶助，③教育扶助，④医療扶助，⑤介護扶助，⑥出産扶助，⑦生業扶助，⑧葬祭扶助の８種類がある。①の生活扶助は地域ごとに基準額が定められており，④の医療扶助と⑤の介護扶助は受給者への支給ではなく医療機関または介護事業者に直接支払われる。そしてその他の支給は，一定の基準による実費支給である。被保護対象となっている人員は2011年度以降200万人を超えており，2020年度には約205万人である[4]。1985年以降の人口千人当たりで見た保護率を示したのが**図12－8**であり，近年は16〜17‰で推移している。

図12－8　　生活保護率（対千人比）の推移

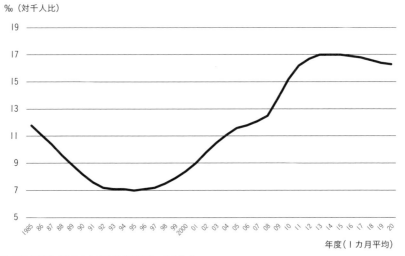

‰（対千人比）

年度（１カ月平均）

出所）厚生労働省『令和２年度被保護者調査』より作成。

---

4)　いずれも１ヶ月の平均。

	世帯数（千件）	構成比（％）
総　　数	1,637	100.0
高齢者世帯	904	55.2
母子世帯	76	4.6
障がい者・傷病者世帯	405	24.7
その他の世帯	245	15.0

出所）厚生労働省『令和２年度被保護者調査』より作成。

　近年の生活保護の特徴は高齢者世帯の増加であり，**表12−4**で示したように受給世帯の半数を上回っている。これには，若年期に年金保険料が支払われていないか，支払い期間が基準に達さないための無年金者の存在が影響している。

　生活保護制度には，給与等の収入を獲得すればそれに伴って支給が減額される仕組みがある。この点は図12−4で示した負の所得税と同様である。ただし，収入額がある時にそれと同額の扶助の減額が行われるならば，生活保護を受給しつつ勤労する意欲は阻害される。そのため，支給の減額の大きさは収入の全てではなく一定額（2022年で，収入額が10万円で約２万3,000円）が控除される。つまり，収入があることによって手取り金額がこの控除額分は増加するように設計されている。

　生活保護制度のもう１つの特徴が，世帯単位での給付となっていることである。所得税の中に税額控除もしくは給付を組み入れる考え方もあるが，生活扶助としての給付は世帯単位での算定が必要であり，税制での対応についてはこの点の配慮が不可欠である。また，申請，認定という手順を取ることで，少なくとも形のうえでは世帯の資産のチェックなどもなされることになり，この点も税制上の仕組みの中では対応が難しい。

第13章 フィスカルポリシーと税制

　不況やインフレへの財政を通じた対応をフィスカルポリシーと言う。景気対策として，予算を通じたものだけではなく貨幣量を調整する金融政策（中央銀行）も行われるが，本章では，予算，そして税制を中心に，フィスカルポリシーについて述べる。

13.1　国民所得の決定

■　需要と供給の均衡

　市場経済では，需要と供給が一致する価格と量の下で均衡が達成される。経済全体で捉えれば，供給は一国全体の産出量であり，需要は消費，投資，政府支出といった支出項目である。

　経済全体で，需要と供給が一致して均衡国民所得が決定される状況を示したのが**図13−1**である。横軸は供給を示す総産出量，つまり国民所得（Y）である。

　そして縦軸は，消費（C）と投資（I）からなる需要である（海外取引は考慮しない）。需要項目のうち，投資は国民所得とは無関係に決定されるものとする。一方，消費は国民所得が高まると増加する。そしてこの消費と国民所得の関係を表す次の式を消費関数と呼ぶ。

$$C = a + bY$$

　aは基礎消費であり，国民所得が0であっても一定の消費が必要であることを表している。そしてbは限界消費性向と呼ばれる係数である。つまり，

図13－1 均衡国民所得の決定

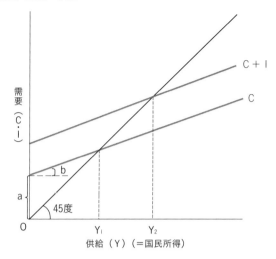

国民所得が1単位拡大すれば消費はb単位増加する。

　ここで，bは，0よりも大きく1よりも小さい値であることを示しておか
なければならない。各個人の行動を捉えるミクロで見ても，一国の経済を合
算したマクロで見ても，所得が増えればそのうちの一部を消費に充て，残り
を貯蓄することになる。つまり，所得が1増えた時の消費の増加は0から1
の間の値をとる。

　いま，需要として消費のみを考慮すると，図のCで示される直線が供給
（国民所得）に対応する需要の大きさを表している。そして，横軸と縦軸が
等しくなる45度線と交わる点で，需要＝供給となり経済は均衡する。つまり，

$$Y_1 = a + bY_1$$

である。

　いま，基礎的な消費aを200，限界消費性向bを0.8とすると，

$$Y_1 = 200 + 0.8Y_1$$
$$Y_1 = 1000$$

と求められる。この時の均衡国民所得は1000であり，その全てが消費支出と

178

なる。なお，限界消費性向 b の水準は実際のマクロ経済の長期的な動きから経験的に0.7から0.8程度であると言われている。

　ここで，第2の需要項目として生産に用いられる設備機械の購入である投資Iを考慮する。マクロ経済にとって投資は重要な要素であり，投資による供給能力の拡大が経済成長に結びつく。

　投資を加えた需要は C＋I となり，需要と供給が等しくなる均衡国民所得はY_2である。

　先と同様に基礎的な消費 a を200，限界消費性向を0.8，そしてIを100とすると，

$$Y_2 = 200 + 0.8Y_2 + 100$$
$$Y_2 = 1500$$

となる。

　先の需要が消費だけの状況と比べると，需要項目として100の投資が追加されたことで均衡国民所得は500増加している。これを式で求めると以下のようになる。

$$Y_2 = 200 + 0.8Y_2 + 100$$
$$Y_1 = 200 + 0.8Y_1$$
$$Y_2 - Y_1 = 0.8 \times (Y_2 - Y_1) + 100$$
$$(1 - .0.8) \times (Y_2 - Y_1) = 100$$
$$(Y_2 - Y_1) = 100 / (1 - 0.8)$$

　つまり，投資額に対して 1／［1－限界消費性向］を乗じた額だけ均衡国民所得が増加する。この 1／［1－限界消費性向］のことを"乗数"と呼ぶ。

☐ 貯蓄と投資のバランス

　家計の経済活動を考えると所得（Y）は消費（C）に充てられ，残りは貯蓄（S）されることになる。つまり，Y＝C＋Sである。

　そして消費 C＝a＋bY であるから，貯蓄 S＝－a＋（1－b）Y と定義される。先に述べた消費のうち基礎消費（所得がゼロでも必要な消費量）a は，所得が

図13-2　貯蓄と投資のバランス

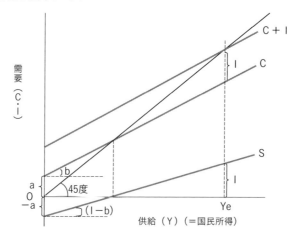

ゼロの時にはマイナスの貯蓄，つまり貯蓄の取崩しもしくは借入れによって行われることを意味している。

　そして所得が1単位増加する時に生じる貯蓄の増分は（1-b）となり，これを限界貯蓄性向と言う。**図13-2**で示されるように，経済全体で需要と供給が一致する均衡国民所得 Ye の下では，

$$Y = C + I$$
$$I = S$$

の両方が同時に達成されることがわかる。

13.2　政府支出と税の考慮

■　政府がある場合の需要と供給の均衡

　次に政府部門を組み入れる。政府は，経済全体の所得の中から財源として税Tを徴収し，政府支出Gを行う。この時，政府支出Gは，国民所得の関数ではなく，政策的に決定されるものである。

　つまり，経済全体の需要と供給のバランスは，

$$Y = C + I + G$$

で示される。同時に, 所得の処分は,

$$Y = C + S + T$$

で表される。

　2つの式で消費支出Cは共通であるから, 政府を考慮した均衡国民所得の下では,

$$S + T = I + G$$

というバランスが達成されていなければならない。

　なお, このバランス式では, 必ずしも

$$S = I, \quad T = G$$

である必要はない。

　たとえば, T＜Gの状況の下では政府の財政収支は赤字になっているが, この収支差がS＞Iのギャップと等しければ,

$$S + T = I + G$$

は達成されることになる。

　同様に, 海外との取引きである輸出Xと輸入Mを考慮すると, 需給の均衡は

$$Y = C + I + G + X$$

で達成される。一方, 所得の処分面では

$$Y = C + S + T + M$$

となる。先と同様に, この2つの式で共通になっているのは消費支出Cであり, 均衡国民所得の下では,

$$I + G + X = S + T + M$$

が達成されている。

　近年の日本の状況を考えると，政府部門は赤字（G＞T），海外取引は輸出超過（X＞M）で，これだけでは左辺のほうが大きくなる。一方，貯蓄と投資では貯蓄超過（I＜S）で政府部門，海外取引のアンバランスが相殺されてきたということである。

■ 政府支出の乗数効果

　政府に期待される機能の1つである経済安定機能を実現するため，政府支出の拡大による景気対策を考える。

　政府支出Gに△Gを加えると，投資の増額の時と同様に，均衡国民所得は，

$$△Y = △G × 1 ／ ［1 - 限界消費性向］$$

で求められる△Yだけ増加する。

　政府支出の増加による均衡国民所得の拡大を**図13－3**で示すと以下のようになる。

　均衡国民所得の増加分△Yを1とすると需要の増加分（ここでは△G）は（1－b）に相当することがわかる（bは限界消費性向）。したがって，均衡国民所得の拡大は政府支出の1／（1－b）倍になることがわかる。限界消費性向bは0＜b＜1であるから1／（1－b）は1よりも大きく，投資の

図13－3　政府支出の乗数効果

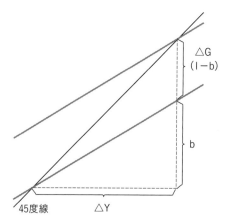

45度線　　△Y

182

ケースと同様にこの値のことを政府支出乗数という。

数式による政府支出乗数の求め方

政府支出の拡大による乗数を均衡国民所得の決定式から導き出すと以下のようになる。

まず，政府支出Gが増加する前の均衡国民所得Y_1は

$$Y_1 = C + I + G = a + bY_1 + I \qquad \cdots \quad (1)$$

である。政府支出が$\triangle G$だけ増加したときの均衡国民所得をY_2とすると

$$Y_2 = a + bY_2 + I + G + \triangle G \qquad \cdots \quad (2)$$

である。(2) 式から (1) 式を引くと

$$Y_2 - Y_1 = b \ (Y_2 - Y_1) \ + \triangle G$$

となり，

$$(1-b) \ (Y_2 - Y_1) \ = \triangle Y$$
$$Y_2 - Y_1 = \triangle G \times 1 \diagup (1-b)$$

が求められる。つまり，$\triangle G$によって均衡国民所得はその$1 \diagup (1-b)$倍，拡大するということである。

完全雇用国民所得と均衡国民所得

経済全体の国民所得は，需要と供給が一致するように均衡が達成される。しかし，この均衡国民所得が，経済が有している労働力や設備などを全て活用した時に生み出される生産量である完全雇用国民所得と一致するとは限らない。

図13－4で，完全雇用国民所得Y_{F2}よりも小さいY_Eで需要と供給が均衡している場合には，経済の中に生産に用いられていない労働力や設備が存在している。つまり，失業が生じていることになる。完全雇用国民所得Y_{F2}とY_Eの差を埋めるのに必要な需要量のことをデフレギャップと言う。

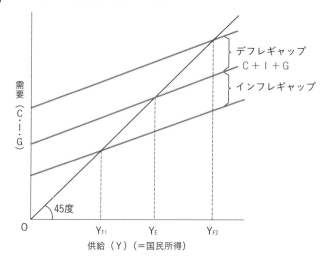

図13-4　インフレギャップとデフレギャップ

需要
（C・I・G）

デフレギャップ
C＋I＋G
インフレギャップ

45度

O　　　Y_{F1}　　　Y_E　　　Y_{F2}

供給（Y）（＝国民所得）

　逆に均衡国民所得がY_Eで完全雇用国民所得Y_{F1}を上回っている状況もある。この場合，経済の実態として可能な産出量はY_{F1}までであるから，需要が供給を上回っている分は，生産物価格の上昇，つまりインフレーションとなって表され，そして，Y_{F1}をもたらす需要量とY_Eで均衡する需要量との差をインフレギャップと言う。

　完全雇用を達成するために，政府は政府支出Gを増減させることで，デフレギャップとインフレギャップを埋める。これを財政政策（フィスカルポリシー）と言い，財政に期待される第3の機能とされる。

■　増減税の効果

　ここまで述べてきた政府支出の拡大を通じた財政政策では，その財源については，考慮されていない。つまり，政府支出の拡大には政府による貯蓄からの借入れが充てられていることになる。

　政府支出Gの増減とともに，財政政策の手段とされるのが減税または増税によって需要を調整することである。政府が税Tを増減させることによる効果を検討してみよう。税は所得税であれ間接税であれ，税が課されることで可処分所得（購買力）を減少させる。つまり，消費関数が

$$C = a + b\,(Y - T)$$

となる。需要と供給が均衡する状態では，

$$Y_1 = a + b\,(Y_1 - T) + I + G$$

である。いま，税Tを△Tだけ引き下げる減税を行うと，

$$Y_2 = a + b\,[(Y_2 - (T - \triangle T))] + I + G$$

になる。そして両式の差（$Y_2 - Y_1$）が△Tの減税による効果である。

　これは，

$$Y_2 - Y_1 = b\,(Y_2 - Y_1 + \triangle T)$$
$$Y_2 - Y_1 = b\,(Y_2 - Y_1) + b \cdot \triangle T$$
$$(1 - b)\,(Y_2 - Y_1) = b \cdot \triangle T$$
$$Y_2 - Y_1 = \triangle T \times b \diagup (1 - b)$$

と，求められ，△Tの減税によって，均衡国民所得はb／（1−b）倍拡大することになる。このとき，b／（1−b）が減税による乗数である。

　限界消費性向bが0.5よりも大きければ，均衡国民所得の拡大は減税の規模である△Tを上回る。ただし，乗数の分母は（1−b）で政府支出の乗数と共通であるが，分子は政府支出が1であるのに対して減税の場合はbとなり，同額の景気対策を比較すれば政府支出の拡大のほうが乗数は大きくなる。

■ 均衡予算乗数

　次に，政府が借入れ（公債発行）によって政府支出を拡大させるのではなく，支出の増加と同額の増税を行う均衡予算での財政政策のケースを考えよう。

　まず，政策を行う前の均衡国民所得Y_1は，

$$Y_1 = a + b\,(Y_1 - T) + I + G$$

である。そして，△Gの政府支出拡大と△T＝△Gの増税を行った後の均衡

国民所得Y_2は,

$$Y_2 = a + b \ (Y_2 - T - \triangle G) \ + I + G + \triangle G$$

となる。両辺の差 $(Y_2 - Y_1)$ を求めると以下のようになる。

$$Y_2 - Y_1 = b \ (Y_2 - Y_1) \ - b \cdot \triangle G + \triangle G$$
$$(1-b) \ (Y_2 - Y_1) \ = \ (1-b) \ \triangle G$$
$$Y_2 - Y_1 = \triangle G$$

　このことから，日本の政府支出と税を同額拡大する均衡予算乗数は1であることがわかる。第8章で見た消費税率の引上げ時のように，財政再建の観点から政府支出を抑制したまま増税を実施することは，増税によるマイナスの効果だけが生じるものである。

13.3　自動安定効果 ——ビルトイン・スタビライザー

　予算において政府支出を増減させること，また，所得税などの増減税を実施することによるフィスカルポリシーは，政府が必要に応じて意思決定を行う"裁量的"な政策であるのに対して，税制や給付などの制度は，一旦設けると自動的に景気対策として作用する。これを自動安定効果（ビルトイン・スタビライザー）と言う。たとえば，累進的な所得税では，税収の変動は課税ベースである所得の変動よりも大きくなる。税収変動と所得変動の関係を示す時には，税収の所得弾力性が用いられる。税収（T）の所得（Y）弾力性は，

$$\frac{\triangle T \diagup T}{\triangle Y \diagup Y}$$

で示される。つまり，所得の変化率に対する税収の変化率の割合で，弾力性が1であれば所得が増加（減少）した時に同じ割合で税収が増加（減少）する。
　所得税は，その累進性が強いほど弾力性は高くなる。このような税収の弾力性が1を上回る税制は，景気の過熱期には裁量的な増税と同じ効果が自動

的に発揮される。支給される失業保険のような給付制度も景気後退期に自動的に可処分所得を増加させるビルトイン・スタビライザーとしての効果を持つ。

13.4 　裁量的財政政策の効果と公債の増加

　景気対策として実施される政府支出の拡大や減税のことを“裁量的財政政策”と言うが，その効果については議論がある。

　裁量的な財政政策は乗数効果を通じて，実際に行われる政府支出の拡大や減税の規模よりも大きな国民所得の拡大をもたらすことが期待される。これは，財政政策の結果生じる民間部門の所得上昇によって消費が拡大するという流れの効果である。しかし，政府による借入れ（公債）を財源とした財政政策は将来の増税となってはね返る，と消費者が予想すれば，消費の拡大にはつながらず乗数効果は期待できない。このような理論的な考え方は“中立命題”や“等価定理”と呼ばれ，財政による景気対策のあり方に一石を投じたものと言える。

　政府の借入れ（公債）による財政政策は，もともと不況期に財政収支を赤字にし，経済が回復した後に黒字にすることで長期的には財政収支のバランスを取ることができると考えられていた。しかし，現実には経済回復期に財政黒字によって公債残高が減少することはほとんどない。日本でも1990年ごろのバブル期の税収増を背景に「赤字国債からの脱却」が実現されるが，当時累積していた公債の減額には至っていない。その後の長期停滞期には，公共事業の拡大，減税の実施といった政策が続けられ，公債残高は増え続ける。2000年代に入り，一部の地方団体では地方債残高の減少が見られたものの国債を中心にその残高の伸びは止まらない（図2 − 5参照）。

　乗数効果が発揮されているかどうかの議論とは別に，政府支出がGDPの約3割を構成している現状で，公債発行による支出も経済規模を支えていることは確かである。とはいえ，GDPの2倍に達する公的債務の拡大は，インフレーションや海外からの資金調達に伴うリスク発生の可能性もあり，マクロ経済の動向をにらみながらの財政運営が必要である。

第14章 地方財政と地方税制

　一般に，各国の財政は国の財政と地方（地方政府，地方自治体，地方公共団体）の財政の両方で展開される。日本でも，国の財政と，都道府県・市町村の地方財政は車の両輪にも例えられ，特に日本の場合は地方を通じた財政支出が大きいことが1つの特徴になっている。この章では，日本の地方財政を取り上げて概要と課題を述べ，分権下での地方税の理論とされる「足による投票」を取り上げる。

14.1　地方財政の支出と財源

▣ 地方の支出

　都道府県と市町村を地方公共団体（地方団体）と呼ぶ。2022年度，地方団体には，47都道府県，1,718市町村，そして東京都の23特別区がある。そしてその財政を総称して地方財政と言う。国の財政と地方財政は車の両輪にも例えられ，日本では両方が機能してはじめて政府の活動が成り立っている。日本の地方財政の特徴は，都道府県，市町村それぞれに幅の広い行政を担っていることである。

　図14−1は，国から地方への財源移転を調整して，最終的な支出の主体としての国と地方に分けて，その割合を見たものである。国から地方への財源移転というのは，一般に"補助金"として認識されているものである。たとえば学校教育費は2020年度は88％が地方の支出となっている。国の予算でも教育に関する文部科学省の支出として義務教育の経費が計上される。しかしその多くは，小・中学校を運営する地方団体に交付される補助金（国庫支出

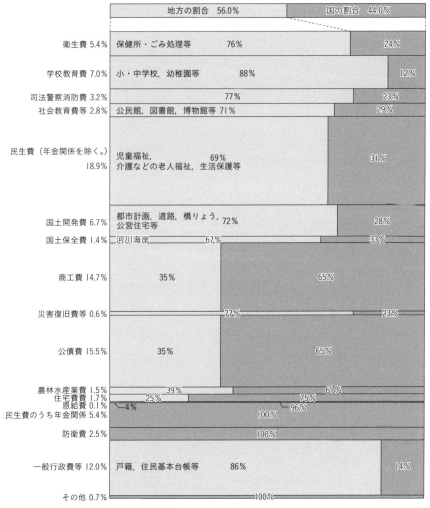

図14-1 地方と国の歳出（純計ベース，2020年度）

	地方の割合　56.0%	国の割合　44.0%
衛生費 5.4%	保健所・ごみ処理等　76%	24%
学校教育費 7.0%	小・中学校，幼稚園等　88%	12%
司法警察消防費 3.2%	77%	23%
社会教育費等 2.8%	公民館，図書館，博物館等 71%	29%
民生費（年金関係を除く。） 18.9%	児童福祉，　69%　介護などの老人福祉，生活保護等	31%
国土開発費 6.7%	都市計画，道路，橋りょう，72%　公営住宅等	28%
国土保全費 1.4%	河川海岸　67%	33%
商工費 14.7%	35%	65%
災害復旧費等 0.6%	77%	23%
公債費 15.5%	35%	65%
農林水産業費 1.5%	39%	61%
住宅費 1.7%	25%	75%
恩給費 0.1%	4%	96%
民生費のうち年金関係 5.4%	100%	
防衛費 2.5%		100%
一般行政費等 12.0%	戸籍，住民基本台帳等　86%	14%
その他 0.7%	100%	

出所）総務省『地方財政白書』（令和4年度版）。

金）であり，図14-1では地方団体の支出となっている。また，年金を除く社会保障の経費（民生費）も約7割が地方団体による支出である。この結果，政府支出全体の約6割が地方による支出という状況になっている。

　第2章で見たように公共財の供給は財政の役割であるが，その受益が等しく全国に及ぶ公共財はそれほど多くない。そのため，住民生活に密接に結び

つく地域の公共財（行政サービス）の供給が地方財政の中心的な役割ということになる。

◻ 地方の財源

　地方団体が展開している事業は大きく国からの補助金である国庫支出金（市町村の場合は都道府県支出金が加わる）が交付される補助事業と，自らの自主財源のみで実施する単独事業とに分けて考えるとわかりやすい。基本的な地方団体の財源には，地方税，国庫支出金，地方交付税に加えて，地方の借入れである地方債がある。このうち地方債は補助事業，単独事業それぞれの個別の事業ごとに発行されるものである。

　図14－2は，今日の日本の地方財政の財源構成をイメージで示したものである。補助事業は事業費の一定割合が国庫支出金として交付され，その事業の規模は補助金算出のために決定される。たとえば，都道府県および政令指定都市は，小中学校の義務教育の教員給与を支給するが，人件費のうち3分の1は補助金（国庫負担金）として国が負担する。その際，教員の人員は一定の基準に従って算出される。地方団体は，補助事業のうち国庫支出金ⓒを除いた額と単独事業に要する費用を自ら調達しなければならない。つまり図では，グレーの部分（ⓐ＋ⓑ）に相当する。

　一方，日本の地方税制は，国の法律である地方税法によって基本的な枠組みは全国画一的な制度になっている。税の枠組みとは課税ベースと税率のことであり，この両者が決まっていれば税収は課税ベースが各地方団体にどれ

図14－2　地方財政の財源構成（イメージ）

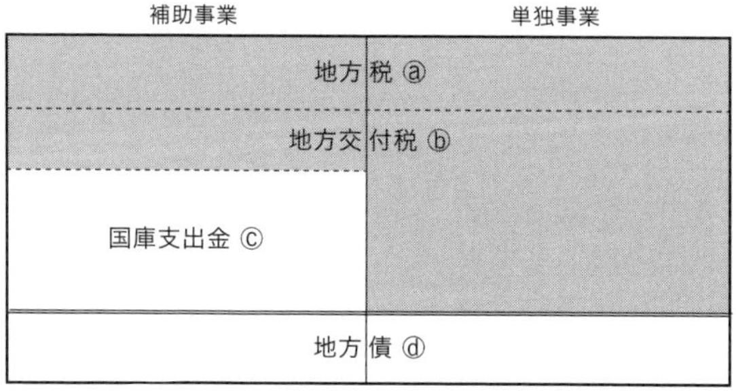

だけ存在するかによって決まる。そして，課税ベースの大きさは各地域の経済力を反映する。したがってグレーの部分を地方税のみで調達することが可能かどうかは，地域の社会的経済的環境に依存する。そこで，地方税ⓐのみで賄うことができない地方団体については，その不足分を国が交付する地方交付税ⓑで賄うことになる。この地方交付税の存在は，日本の地方財政の大きな特徴であり14.2でその仕組みについて解説する。

■ 地方財政計画

地方財政運営においては，国からの資金移転（補助金）が重要な意味を持ち，国の予算の中でもその見積りが必要になる。そこで，地方財政全体を統括する総務省は，国の予算作成と同時に，全地方団体の包括的な予算とも言える地方財政計画を作成する。

この地方財政計画を見ることで，地方財政の姿を大枠で捉えることができる。もちろん，各地方団体はそれぞれの予算を作成するが，その際，国からの補助金に関する見積りが考慮される。

表14－1は2022（令和4）年度の地方財政計画である。総額は90.6兆円と国の一般会計予算（2022年度107兆円）に近い規模になっている。地方税は41兆円で45％，地方交付税と国庫支出金がそれぞれ18兆円，15兆円で，合わせて36％を占めている。

表14－1　地方財政計画（2022年度）

単位；億円

歳　　　入	計画額		歳　　　出	計画額	
	金額	構成比(%)		金額	構成比(%)
地方税	412,305	45.5	給与関係費	199,644	22.0
地方譲与税	25,978	2.9	一般行政経費	414,433	45.7
地方特例交付金等	2,267	0.3	公債費	114,259	12.6
地方交付税	180,538	19.9	維持補修費	14,948	1.7
国庫支出金	148,826	16.4	投資的経費	119,785	13.2
地方債	76,077	8.4	公営企業繰出金	24,349	2.7
使用料及び手数料	15,729	1.7	地方交付税不交付団体の標準水準を超える経費	18,500	2.0
雑収入	44,456	4.9			
復旧・復興事業一般財源充当分	△ 4	－			
全国防災事業一般財源充当分	△ 254	－			
歳入合計	905,918	100.0	歳出合計	905,918	100.0

出所）総務省『地方財政白書』（令和4年度版）。

■ 国と地方の財政関係

　図14－3は，国から地方への資金の流れを示したものである。国の予算としては，地方財政関係費として計上されるものが，地方交付税（後述）として地方団体に交付される。

　地方交付税と地方譲与税が地方にとっては使途の限定されない一般財源であるのに対して，使途を限定した特定財源として地方団体に分配されるのが国庫支出金である。これは，各省庁の政策経費として支出されるもので，個別の行政サービスや建設事業に充当される。

図14－3　国と地方の財政関係

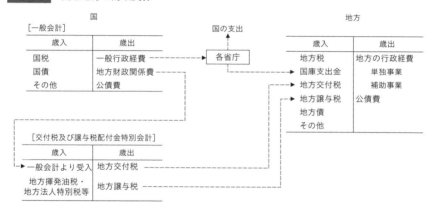

14.2　地方交付税の仕組みと課題

■ 地方交付税の算出

　地方団体の固有の地方税の不足分を補っているのが地方交付税である。地方交付税は，地方団体にとって必要（標準的）な行政需要に対応するための財源を保障する（財源保障）機能と，地域間での財源の再分配（地域間再分配）機能の2つの役割を果たしている。

　図14－2では，グレーの部分が地方税で賄う必要のある金額で，地方税が

少ないほど地方交付税が大きくなる。補助事業の大きさは補助金の管轄省庁の補助基準から決定されるが，単独事業を拡大すればするほど地方税の不足額は拡大し，地方交付税が増加することになってしまう。そこで，地方交付税の算出においては，補助事業を含めて単独事業についても，各地方団体の規模や人口構造などに応じて標準的な行政を行うための経費（地方税など一般財源で賄うべき経費）を算出する。それを基準財政需要額と言い，次式で算出される。

$$基準財政需要額＝単位費用×測定単位×補正係数$$

　例として，都道府県が実施している警察を取り上げる。単位費用は警察官１人当たりの経費，測定単位である警察官の数は人口など地域の状況によって決定される。そして，寒冷地かどうかといった地域の特殊事情に応じて補正を行う補正係数を乗じて各事業ごとの基準財政需要額が決定される。なお，2007年度から，基準財政需要額の算定の簡素化を図るとともに，地方交付税の予見可能性を高めるために，経費の一部について個々の事情によらず，人口と面積を基準として算出する包括算定基準方式が採用されている。

　一方，歳入については，各地方団体に存在する課税ベースに地方税法で定められた標準的な税率で課税した場合の税収（標準税収入）と，国が一旦徴収した後に地方に配分される地方譲与税などから基準財政収入額を算出する。地方交付税は，経費を算出した基準財政需要額と基準財政収入額の差を埋めるように交付されるが，徴収する地方税が増加すると，それと同額の地方交付税が減少するのであれば，地方団体が企業誘致などを行って税源を確保しても財政上のメリットはないことになる。そこで基準財政収入額に算入される税収は標準税収入の75％と設定されている。つまり，基準財政収入額は次式で求められる。

$$基準財政収入額＝標準税収入×75％＋地方譲与税等$$

　標準税収入の25％分のことを留保財源と言う。これがあることで，地方団体は地方交付税の算出において考慮される標準的な行政を超えて行政サービスを展開することができる。

地方交付税は，次式で算出される。

$$地方交付税 = 基準財政需要額 - 基準財政収入額$$

この値がマイナスの時に地方交付税が交付されることになる。なお，2020年度の状況を見ると，地方交付税の不交付団体は都道府県では東京都のみ，市町村では75団体にとどまっており，ほとんどの地方団体は地方交付税に依存している。

□ 地方交付税の財源

地方交付税の交付の総額は，地方団体ごとに算出した交付の所要額の合計ということになるが，その財源は国税の一定割合として決定される。2022年度の各税目からの交付税財源（交付税率）は**表14−2**の通りである。

地方交付税は，上記の基準財政需要額と基準財政収入額の差である財源不足額を埋める普通交付税（94％）と，特別な財政需要を考慮して配分される特別交付税（6％）に分けられる。

1990年代のバブル崩壊後の経済の低迷と税収の低迷のために，地方交付税の必要額に対して国税からの財源が不足する状況が続いている。この不足に対して，当初は交付税及び譲与税配付金特別会計（交付税特会，図14−3参照）で一時的な借入れがなされていたが，2001年度以降は，国債と地方債によって対応が行われている。具体的には，財源不足額を国と地方で折半し，国は国債の発行によって調達する一方で，地方はそれぞれの地方団体が不足額について地方債（臨時財政対策債）を発行して埋め合わせるのである。地方が発行する臨時財政対策債については，将来的に元利償還費が改めて基準財政需要額に算入されることになっている。臨時財政対策債は2010年度には

表14−2　地方交付税の財源（2022年度）

所得税・法人税	33.1％
酒税	50％
消費税	19.5％
地方法人税	100％

7.7兆円が発行されていたが，近年は縮小傾向にあり，2022年度の発行額は1.8兆円と見込まれる。

14.3 地方税の現状と課題

■ 地方税の原則

税には"公平，中立，簡素"という3つの租税原則がある。つまり，税負担配分における公平性，経済活動に対する中立性，そして徴税と納税にはできるだけコストをかけず簡素なものにしなければならないという原則である。国税であれ地方税であれ，これらの原則が重要であることは言うまでもない。

日本の地方税は国の法律である地方税法に基づいて，全国画一的な仕組みになっていることから，地方税制の設計や改革において重視すべき独自の原則がある。日本における地方税原則としてはこれまでに研究者による考察が加えられてきたが，現在，総務省によって以下の5つに整理されている。

(1) 応益性の原則

税の公平性には，納税者の能力（担税力）に応じた負担配分を求める応能原則と，各人の公共サービスからの受益に応じた負担配分を求める応益原則がある。応能課税では，所得に対する累進課税のように所得の不平等を縮小する効果も求められるが，地方税の場合は，このような効果は必要ではなく，国税よりも応益原則を重視した負担配分が望ましい。

(2) 負担分任の原則

応益性を重視した負担配分のあり方として，国税よりも税の負担者としては幅広い範囲を対象とすることが望ましい。個人所得に対する課税である国税の所得税よりも所得割住民税の課税最低限が低く設定されているのはこの原則に従ったものと言える。

(3) 安定性の原則

地域の公共サービスは，税収の規模に応じて変動するようなものではなく，税収が低下したからといって縮小することも難しい性質を持つ。したがって，

財源となる税収は安定的で同時に経済や社会の発展に伴う行政需要の拡大に対応できるよう，安定的な拡大を見込めることが望ましい。

(4) 普遍性の原則

特に日本のように全国で画一的な仕組みを持つ地方税制の構築においては，税源が偏在することなく普遍的に存在するものが望ましい。地域の公共財は，受益の範囲が地域的に限定された地方公共財が大きな比重を占めるが，そのために必要な財源としては一部の地域にしか存在しない税源は選ぶべきではない。

(5) 地方自治の原則

以上の4つの原則に加えて，地方自治や地方の自主性を考慮すべきという観点から，地方が税収を自らの取組みで確保することができるよう地方の自治を重視すべきとする地方自治の原則が掲げられる。

地方税において標準税率によらない超過課税が認められ，また法定外の税制を条例によって設けることが認められているのはこの原則にかなったものである。

■ 地方税の構成

表14-3は，地方税の構成と主要な税目を国税との対比で示したものである。2020年度の地方税の総額は40.8兆円で都道府県と市町村はそれぞれ18.4兆円と22.5兆円である。表では所得，消費，資産という課税ベースごとに税収額が示されており，下段の表からは個人および法人の所得課税は約6割，消費課税は7割以上が国税であるのに対して，資産課税は8割近くが地方税である。

地方税収の構成を見ると，都道府県における基幹税は法人に対する課税（法人事業税および法人道府県民税），個人道府県民税，そして地方消費税である。市町村は個人および法人の市町村民税と固定資産税の2税目であり，この2つで9割弱を占めている。

（　）内は2020年度決算額，単位；兆円

		所得課税	消費課税	資産課税等	計
国		所得税　　　　　（19.2） 法人税　　　　　（11.2） 　　　等	消費税　　　　　（21.0） 揮発油税　　　　（2.1） 酒税　　　　　　（1.1） たばこ税　　　　（0.8） 自動車重量税　　（0.4）	相続税　　　　　（2.3） 　　　等	
		個人（30.2％）　法人（22％） 52.2％（33.9兆円）	等 42.8％（27.8兆円）	5.0％（3.2兆円）	100.0％（64.9兆円）
地方	道府県	法人事業税　　　（4.1） 個人道府県民税　（4.9） 法人道府県民税　（0.5） 道府県民税利子割（0.0） 個人事業税　　　（0.2）	地方消費税　　　（5.4） 自動車税　　　　（1.6） 軽油引取税　　　（0.9） 道府県たばこ税　（0.1）	不動産取得税　　（0.4） 　　　等	
		個人（28.1％）　法人（25.2％） 53.4％（9.8兆円）	等 44.3％（8.1兆円）	2.4％（0.4兆円）	100.0％（18.4兆円）
	市町村	個人市町村民税　（8.4） 法人市町村民税　（1.8） 個人（37.5％）　法人（8.1％）	市町村たばこ税　（0.8） 軽自動車税　　　（0.3） 　　　等	固定資産税　　　（9.4） 都市計画税　　　（1.3） 事業所税　　　　（0.4） 　　　等	
		45.6％（10.2兆円）	5.0％（1.1兆円）	49.4％（11.1兆円）	100.0％（22.5兆円）
		49.1％（20.0兆円）	22.7％（9.2兆円）	28.3％（11.5兆円）	100.0％（40.8兆円）
計		51.0％（53.9兆円）	35.0％（37.1兆円）	14.0％（14.8兆円）	100.0％（105.8兆円）

（再　掲）

	所得課税	消費課税	資産課税等	計
国	62.8％	75.0％	21.9％	61.4％
道府県	18.2％	21.9％	3.0％	17.4％
市町村	19.0％	3.0％	75.2％	21.2％
地方	37.2％	25.0％	78.1％	38.6％
計	100.0％	100.0％	100.0％	100.0％

注）1．国税は特別会計分を含み，地方税は超過課税分及び法定外税を含む。
　　2．国税は地方法人特別税及び特別法人事業税を含み，地方税は特別法人事業譲与税を含まない。
　　3．下線を付した税目以外の地方税目は課税標準が国税に準拠し又は国税に類似しているもの。
　　4．表中における計数は，それぞれ四捨五入によっており，計と一致しない場合がある。
　　5．計数は精査中であり，異動する場合がある。
出所）総務省「地方税収等の状況」（http://www.soumu.go.jp/main_content/000819819.pdf）。

■ 地域間の偏在

　2007年度に小泉政権の下で実施された地方財政の改革（三位一体改革）で所得税から個人住民税（都道府県および市町村）への3兆円の移譲や，消費税率引上げに伴う地方消費税の拡大を受けて，2000年頃と比較して地方税全体の規模は拡大してきている。その一方で大きく課題として取り上げられるようになった問題が地域間の税収の偏在である。特に法人に対する課税は，経済全体の東京一極集中が進んだこともあり，税収の大都市圏への偏在が顕著である。

単位：％

	道府県税	市町村税	地方税合計	人口	県内総生産
	(2020年度)	(2020年度)	(2020年度)	(2020年10月国勢調査)	(2018年度)
4都府県	37.1	40.8	39.2	31.4	39.6
東京都	17.1	18.0	17.6	11.1	18.9

備考）4都府県は，東京都，大阪府，神奈川県，愛知県。
出所）『地方税に関する参考計数資料集（令和4年度）』より作成。

　表14－4は，しばしば地方税の偏在として問題となる状況を見るために，都市圏への集中の度合いを求めたものである。全国の値のうち，都市圏の4都府県（東京都，大阪府，神奈川県，愛知県）がどれだけの割合を占めているかを求めたもので，東京都のみの比率も示してある。2020年度の地方税全体では，4都府県で全体の39.2％，東京都だけで17.6％を占めている。

　地方税の偏在は，人口1人当たりの税収格差で捉えられることが多い。人口の比率は，4都府県で全国の31.4％，東京都だけで11.1％となっており，結果的に1人当たりの地方税収は東京都が突出して高く，都市圏に集中（偏在）していることになる。一方，県内総生産は，地方税の比率とほぼ同程度であり，地方税の偏在は課税ベースとなる経済活動を示す県内総生産の状況を反映したものとなっていることがわかる。

☐　法人課税による地域間偏在への対応

　法人企業の活動は都市圏に集中し，近年は特に東京への一極集中が加速してきた。日本の地方税は，各地方団体で独自に構築しているのではなく，国の法律である地方税法の規定に基づいて課税される。そのために，地方税の税源（課税ベース）は地域的に集中して偏在するものは望ましくなく，どの地域にでも行政需要に応えるための一定の税収が得られる普遍的な税源が求められる。この普遍性の考え方に照らせば，企業が都市部に集中していることから，法人企業に対する課税である法人住民税と事業税（法人二税）は偏在性の高い地方税ということになる。税収の地域間の偏在を見る際に用いられる人口1人当たり税収では，この二税の地域間格差が最も大きいことが示

される。2020年度決算に基づいて人口1人当たり税収の都道府県別比較を行うと、最大の東京都と最小の県では、地方消費税は1.2倍、個人住民税が2.5倍であるのに対して、法人二税は5.4倍と極端に差が大きくなっている[1]。

このような1人当たりの税収の差に対応するため、2008年度から法人所得（収入課税の業種は収入額）に対する事業税の一部を国税である地方法人特別税に振り替え、そして地方法人特別税を人口および従業者数に基づいて都道府県に配分する譲与税化が行われた。一方、法人住民税のうち法人税割については、2015年度よりその税率が引き下げられ、それに見合う形で国税の地方法人税が創設された。この地方法人税の税収は全て地方交付税の財源に組み入れられることになった。

これらはいずれも、地方税としての税収は全体として減少することになるが、それを地方に配分することで結果的に財源の地域間格差を縮小しようとするものである。ただし、地方譲与税は人口・従業者を基準に配分されることから全ての都道府県の財源となる。たとえば、東京都は最も大きく事業税収が減少するが、人口・従業員に基づいて配分される譲与税も全国の中で最も大きくなる。それでも税収減のほうが規模が大きいために、差引きすれば譲与税化で財源は縮小する。事業税からの譲与税化の場合は、東京都だけでなく、大阪府や愛知県といった大都市圏でも同様の効果でネットの財源の変化はマイナスとなる。

図14-4は、税収の地域間偏在への対応として実施された2008年以降の地方法人課税（法人2税）の改正の経緯を示したものである。法人事業税は、2019年に一旦復元され、約3割を国税化したうえで地方交付税の不交付団体には制限が加えられる形の地方譲与税（特別法人事業譲与税）として配分されることになった。2020年度現在、都道府県のうち地方交付税の不交付団体は東京都のみであり、結果的には東京への集中を緩和する改正になっている。

法人住民税の一部が国税（地方法人税）に変更され、地方交付税の財源に組み入れられたことについても、地方交付税の不交付団体は東京都のみであ

---

1) 総務省「地方税収等の状況」(http://www.soumu.go.jp/main_sosiki/jichi_zeisei/czaisei/czaisei_seido/ichiran02.html) より。

図14-4 地方法人課税の改正の経緯

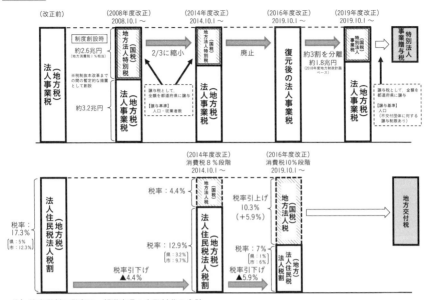

注）法人税割の税率は，都道府県＋市町村分の合計。
出所）総務省HP（http://www.soumu.go.jp/main_content/000537956.pdf）。

り東京都は税収減のみが生じたことになる。2019年の改正によって，地方法
人税の割合が高められ，地方交付税財源が拡大している。

　もともと，地方の法人課税を用いた地域間での税収の偏在是正は，2008年
度税制改正において，消費税を含む地方税体系の抜本的改革が行われるまで
の間の暫定措置として始められたものである。ただし，地域ごとに経済活動
の大きさには差があり，その意味では人口1人当たりの税収には差が生じる
ことは避けられない。一方，国が徴収して地方に1人当たりで見て均等に配
分する枠組みも考えられるが，それでは地域ごとの受益と負担の関係が不明
確になり，結果的には地方団体は歳出予算のみを検討する場になってしまう。

　地方の税収とその地域の経済をどのようにリンクさせ，地方交付税を中心
とした地域間の財政調整をどこまで実施するのか，地方財政のあり方につい
て本質的な議論が必要になっている。

🔲 地方消費税

　現在，消費者が買い物の際に負担を求められる消費税は，その一部が地方消費税である（第8章参照）。消費税の税率3％での導入時，比較的規模の大きい地方の電気・ガス税などの間接税が廃止されたことを受けてその減少分を補うために地方への消費譲与税が設けられた。その後5％への引上げ時（1997年）に地方税としての消費税（地方消費税）が創設される。つまり，消費税率は3％から4％に引き上げられ，消費税を課税標準として25％の税率で課税されたのが地方消費税である。消費税率はその後，2014年に8％，2019年に10％（軽減税率8％）に引き上げられる。地方消費税は，2014年には8％のうち1.7％（消費税6.3％の17／63），2019年には10％のうち2.2％（消費税7.8％の22／78），また8％の軽減税率分は1.76％（消費税6.24％の22／78）と設定され，消費税全体に占める地方消費税の割合はわずかずつ高められてきた。

　地方消費税は都道府県の税であるが，事業者は消費税と合計して国税当局に納税する。都道府県は，納税義務者の事務負担を考慮して"当分の間"国税当局に徴収を委託する形がとられ，現在も同様の方式である。そして国税当局（税務署）は，その立地する都道府県に地方消費税分を納入することになる。消費税は各事業者の付加価値に応じて事業所ごとに発生するが，納税は通常本社を管轄する税務署で行われるため，地方消費税の税収は事業者が多く立地する地域に集中することになる。そこで，地方消費税に関しては，国税当局から一旦納入された税収を，都道府県間で調整し清算する方式が取られている。

🔲 地域間の清算基準

　地方税として消費税のような付加価値税を設定する場合，その税収を地域間でどのように帰属させるかが大きな課題となる。1つの方法は，納税された地域にそのまま帰属させることであるが，これは付加価値が生み出された地域や，最終的に負担を負う消費地とは無関係になるため，地方税としての性格には合致しない。そこで，何らかの基準を用いて地域間で配分を行う必

要がある。地方消費税の地域間の配分には，大きく3つの考え方がある。

　第1は，付加価値の生産状況に応じて地域間で配分することである。これは，事業者の生産活動の規模に応じた配分ではあるが，事業税等の企業課税も同様であるが，1つの法人企業の中で地域ごとにどれだけの付加価値を生み出しているかの統計，あるいは財務情報はなく，企業に分割して納税してもらうことはできない。また，生産された地域と最終負担者の消費地との間には特に関連がないために消費課税の負担配分としては相応しくない。

　第2は，最終負担者である消費者の購入地を考慮して配分することである。この場合は，各地域が小売売上税を導入している状況と基本的には同じになる。しかしながら，消費者の居住地と購入地は必ずしも一致しない。居住する都道府県の周辺のエリアで買い物をするケースもあれば通信販売での購入もある。

　第3は，消費者がどこで購入するかにかかわらず，各都道府県の住民がどれだけの消費活動をするかに応じて配分することである。これには，『県民経済計算』に記載される県民所得の処分勘定としての家計最終消費支出を用いることが考えられる。

　地方消費税の創設時には，「最終消費地と税収の最終的な帰属地を一致させる」ために，「消費に相当する額」に応じて清算するとされた。そして地方消費税の創設以降，その清算基準となる地域ごとの消費を表す指標としては，「小売年間販売額」（商業統計），「サービス業対個人事業収入」（サービス業基本調査）の合計額，人口（国勢調査），従業者数（経済センサス）をそれぞれ75％，12.5％，12.5％のウエイトで利用していた。その後，小売・サービスには情報通信や不動産賃貸など消費者の居住地と販売地に違いがあるものが含まれることから，小売売上額からの除外項目を設け，また，最終消費地を捉えることのできない消費支出の代理変数として用いられている人口基準と従業者基準の見直しが行われる。

　そして2018年度の改正では，商業統計上の百貨店や衣料品専門店などが消費地と販売地の乖離が生じているものとして小売販売額の統計から除外され，また医療用医薬品のように消費税が非課税の売上も除外することで，統計に基づく基準のウエイトを50％とし，同時に残りの50％については全て人口基

準を用いる改正が行われた。結果的には，住民に身近な買い物については販売額の統計を用い，それ以外（2分の1）については人口を代理変数として地域間の配分を行うということである。実質的には，最終的な代金の支払地にかかわらず，地域住民の消費支出の大きさを反映した配分になる。これについては，特に東京都，大阪府，愛知県といった大都市圏の都府県からは，域外の住民によるサービス利用の地方消費税負担分の帰属をめぐって異論も表明されている。

　国際的な取引つまり輸出入に関しては，通常，消費税（付加価値税）は仕向地原則で購入者の国の税制にしたがった税負担となることから，域外での購入も居住地の税収とすることには一定の合理性がある。しかし，タクシーや理美容サービスについては輸出に対するゼロ税率の考え方ではなく，利用した地域の税収となっている。このようなサービスの消費を通じた地方消費税の帰属については，さらなる検討も必要であろう。

14.4　地方分権と地方税 ──足による投票

　住民の選好と社会の効率化に関しては，いわゆる"足による投票"の理論がある[2]。財政は，さまざまな公共財を提供するために住民（国民）に税負担を求めて財源を調達する。住民の選好は画一的ではなく，どのような公共財を提供するかは投票という政治過程を通じて決定されることになる。"足による投票"とは，政治過程における投票行動を行うのではなく，さまざまな選好を持つ住民が，多様な公共サービスと税の内容を持つ地方自治体の間を自らの選好に基づいて移動し，それによって地域ごとの，ひいては社会全体の資源配分の効率化が進められるという考え方である。

　地域ごとに公共財の種類と水準，それに対応する税制と税負担の組合せが存在し，たとえば公共財Aを供給して税負担がx円の地域と，公共財Bを供給して税負担がy円の地域があれば，各個人が自由にどちらの地域に住むか

---

2) ウォーレス・E. オーツ著，米原淳七郎，岸　昌三，長峯純一　訳［1997］『地方分権の財政理論』（第一法規出版）や中井英雄［1995］「地方目的税の機能と課題」橋本　徹編著『地方税の理論と課題』（税務経理協会，第9章）等参照。

を選択することができる。あるいは，いずれも共通の公共財を供給しながら，その量（水準）の違いが税負担に反映することも考えられる。このような状況の下で，どの地域に居住するかを選択すれば，公共部門の活動を通じた資源配分の効率性は高められる。

　ここで，地域ごとの公共サービスの供給と居住についての住民の選択について，横軸に量（Q），縦軸に価格（P）をとった簡単なグラフを用いた説明を試みる。地域は①と②の2つ，公共財は1種類で，その供給曲線を示す限界費用は地域にかかわらず一定（t）とする。そして，この公共財に対する需要が高いグループと低いグループという2つのグループの人たちが存在するものとする。また供給される公共財は典型的な公共財の特性を持ち，住民によって等量消費され，税負担は住民に均等に配分されるものとする。

　図14－5は地域①の状況を示している。地域①には公共財に対して同じ需要曲線を持ち，公共財への選好の度合いが高いa,b,cの3人が居住しているとする。この時，公共財の供給量はxとなり，a,b,cはそれぞれ（$x\cdot t$）／3の税負担を負担する。

　一方，**図14－6**は，地域②に公共財に対する同じ需要曲線を持ち，a,b,cよりも公共財への選好が低いd,e,fの3人が居住しているところへ，公共財への選好が強いaが加わっているケースである。このとき，地域②ではyの公共財が供給されることになる。そして各人の税負担は，（$y\cdot t$）／4となる。

　個人としてのaが直面する供給曲線は，負担を求められる税額であり，地域①ではt／3，地域②ではt／4の水平な直線で示される。そしてaはt／3の価格（租税価格）であれば，需要量はxで示される。一方，地域②のt／4であればこのxよりももっと多い量（$y1$）で供給曲線と需要曲線が交わっている。このような各地域でのaの状況を示したのが**図14－7**である。

　地域①にいるaはt／3の供給曲線と自らの需要曲線が交わる量が，地域①で決定される供給量xと一致する。一方，地域②ではaが直面する供給曲線はt／4で，需要量は$y1$であるにもかかわらず，実際に供給されるのはyであり，aにとっては過少な量になる。したがってこのようなケースでは，aは地域①に居住することを選択する。

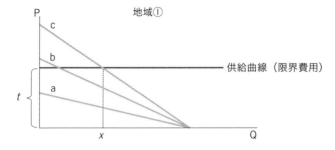

図14−5 地域の公共財（1）

地域①

供給曲線（限界費用）

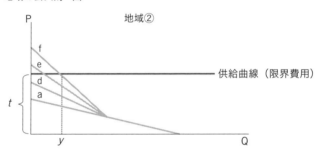

図14−6 地域の公共財（2）

地域②

供給曲線（限界費用）

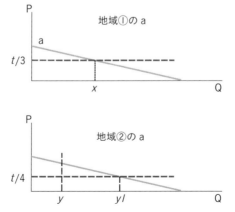

図14−7 各地域におけるaの状況

地域①の a

$t/3$

地域②の a

$t/4$

地域②に a が居住しなければ，d, e, f の 3 人しか居住しない地域②ではこの公共財が供給されることはない。そこに d, e, f と同じ需要曲線を持つ人が流入してくれば，公共財は各個人の低い税負担（t／人数）で供給され，それぞれ，自らの需要曲線と供給曲線（t／人数）が交わる点で供給量が決定される。

　つまり，個人が公共財の供給曲線を見ながら自由に居住地を選択することができるならば，最終的にはそれぞれの地域に同質の選好を持つ人々が集まって居住するようになる。

　ただし，以上のような議論には，きわめてきつい前提条件がある。まずは，このようなモデル化した政府では，1 つの公共財だけを想定していることである。実際には，地方団体の供給する公共財（行政サービス）には多様性がある。そのため，税負担との 1 対 1 の関係を明確にすることは難しい。また，税負担は地域の構成員（住民）が全員で分担することが前提で，公共サービスからの受益を住民の等量消費と考えれば，税制は定額の人頭税となる。しかしながら，税制には所得に応じた課税によって公平性を実現しようとする応能原則に基づく課税も組み入れられており，全ての税制を応益原則に基づいて設計することはできないし，なにより，日本では地方税の負担の大きさを地方団体が個別に決定することはできない。また，"足による投票"の前提は，公共財と税負担の状況を見ながら地域間の移動を行うこととされるが，実際には地域間の移動（転居）には大きなコストもかかることが，ここでは一切考慮されていない。

　したがって，実際の日本の地方税・財政制度を，厳密な意味で"足による投票"に基づいて設計することは現実的ではないということになるが，住民の受益と負担をできる限り明確にし，その選好に近い行政を展開する，またそれに近づける方策を探ることは重要な課題である。

「税を学ぶ」———————————————————————————

牛嶋　正［2000年］『これからの税制　目的税——新しい役割』（東洋経済新報社）

加藤　寛［2000年］『わが国税制の現状と課題——21世紀に向けた国民の参加と選択』（大蔵
　　財務協会）

金子　宏編著［1999年］『所得税の理論と課題（21世紀を支える税制の論理　第2巻）（改訂
　　版)』（税務経理協会）

カール・S.シャウプ／世界銀行編，下条進一郎訳［1988年］『間接税で何が起こるか（付加価
　　値税導入の教訓)』（日本経済新聞社）

木下和夫［1992年］『税制調査会（戦後税制改革の軌跡)』（税務経理協会）

木下和夫編著［2011年］『租税構造の理論と課題（21世紀を支える税制の論理　第1巻）（改
　　訂版)』（税務経理協会）

佐藤英明［2022年］『スタンダード所得税法（第3版)』（弘文堂）

資産の形成・円滑な世代間移転と税制に関する研究会編（井堀利宏監修）（2021）『資産の形
　　成・世代間の移転と税制』（日本証券経済研究所）

証券税制研究会編［2010年］『資産所得課税の新潮流』（公益財団法人日本証券経済研究所）

証券税制研究会編［2012年］『証券税制改革の論点』（公益財団法人日本証券経済研究所）

証券税制研究会編［2014年］『金融税制と租税体系』（公益財団法人日本証券経済研究所）

神野直彦・池上岳彦編著［2009年］『租税の財政社会学』（税務経理協会）

鈴木将覚［2014年］『グローバル経済下の法人税改革』（京都大学学術出版会）

武田昌輔編著［2000年］『企業課税の理論と課題（21世紀を支える税制の論理　第3巻）（改
　　訂版)』（税務経理協会）

玉岡正之［2006年］『課税主義の財政学』（勁草書房）

地方財務協会［2008年］『地方税制の現状とその運営の実態』（地方財務協会）

奈良県税制調査会［2017年］『まほろばからの地方税のありかた提言（奈良県税制調査会の挑
　　戦)』（清文社）

橋本恭之・鈴木善充［2012年］『租税政策論』（清文社）

橋本　徹編著［2001年］『地方税の理論と課題（21世紀を支える税制の論理　第7巻）（改訂
　　版)』（税務経理協会）

橋本　徹・古田精司・本間正明編［1986年］『公益法人の活動と税制（日本とアメリカの財
　　団・社団)』（清文社）

橋本　徹・山本栄一編［1987年］『日本型税制改革』（有斐閣）

林　宏昭［1995年］『租税政策の計量分析（家計間・地域間の負担配分)』（日本評論社）

林　宏昭［2002年］『どう臨む，財政危機下の税制改革』（清文社）

林　宏昭［2011年］『税と格差社会−いま日本に必要な改革とは−』（日本経済新聞出版社）

林　宏昭・楊　華編著［2019年］『日本の税制論』（清文社）

林　正寿［2008年］『租税論』（有斐閣）

藤田　晴［1992年］『所得税の基礎理論』（中央経済社）

本間正明・跡田直澄編［1989年］『税制改革の実証分析』（東洋経済新報社）

水野正一編著（2005）『資産課税の理論と課題（21世紀を支える税制の論理　第5巻）（改訂
　　版)』（税務経理協会）

持田信樹・堀場勇夫・望月正光［2010年］『地方消費税の経済学』（有斐閣）

望月正光・野村容康・深江敬志［2010年］『所得税の実証分析　基幹税の再生を目指して』（日本経済評論社）

森　徹・森田雄一［2016］『租税の経済分析（望ましい税制をめざして）』（中央経済社）

森信茂樹編著［2008年］『給付付き税額控除（日本型児童税額控除の提言）』（中央経済社）

森信茂樹［2000年］『日本の消費税』（納税協会連合会）

「財政を学ぶ」

井堀利宏［2008年］『財政（第3版）』（岩波書店）

上村敏之［2013年］『コンパクト財政学　コンパクト経済学ライブラリ（第2版）』（新世社）

神野直彦［2007年］『財政学（改訂版）』（有斐閣）

橋本恭之［2014年］『入門　財政（第3版）』（税務経理協会）

橋本　徹・山本栄一・林　宜嗣・中井英雄・高林喜久生［2002年］『基本財政学（第4版）』（有斐閣ブックス）

林　宏昭，玉岡雅之，桑原美香，石田和之［2021年］『入門　財政学（第3版）』（中央経済社）

マスグレイブ；大阪大学財政研究会訳［1983-1984］『財政学：理論・制度・政治1．2．3』（有斐閣）

持田信樹［2009年］『財政学』（東京大学出版会）

「各年度の制度を学ぶ」

［毎年度刊行］『図説　日本の税制』（財経詳報社）

［毎年度刊行］『図説　日本の財政』（東洋経済新報社）

INDEX

■ 著者紹介

林　宏昭（はやし　ひろあき）

関西大学経済学部教授，博士（経済学）
マッセOSAKA（おおさか市町村職員研修研究センター）所長
1958年生まれ
1981年　関西学院大学経済学部卒業
［主な著書］
『租税政策の計量分析』日本評論社，1995年（日税研究特別賞）
『これからの地方税システム－分権社会への構造改革指針』中央経済社，2001年
『どう臨む，財政危機下の税制改革』清文社，2002年
『分権社会の地方財政』中央経済社，2007年
『税と格差社会－いま日本に必要な改革とは－』日本経済新聞出版社，2011年
『入門　地方財政（第3版）』（共著）中央経済社，2014年
『入門　財政学（第3版）』（共著）中央経済社，2021年

日本の税制と財政（第2版）

2019年4月1日　第1版第1刷発行
2022年1月30日　第1版第3刷発行
2023年2月1日　第2版第1刷発行

著　者　林　　　宏　　昭
発行者　山　本　　　継
発行所　㈱中央経済社
発売元　㈱中央経済グループ
　　　　パブリッシング

〒101-0051　東京都千代田区神田神保町1-31-2
電　話　03（3293）3371（編集代表）
　　　　03（3293）3381（営業代表）
https://www.chuokeizai.co.jp
製　版／三英グラフィック・アーツ㈱
印　刷／三　英　印　刷　㈱
製　本／㈲井　上　製　本　所

© 2023
Printed in Japan

＊頁の「欠落」や「順序違い」などがありましたらお取り替えいた
しますので発売元までご送付ください。（送料小社負担）
ISBN978-4-502-44591-0　C3033

本書とともにお薦めします

新版
経済学辞典

辻　正次・竹内　信仁・柳原　光芳〔編著〕　四六判・544頁

本辞典の特色

- 経済学を学ぶうえで，また，現実の経済事象を理解するうえで必要とされる基本用語約 1,600 語について，平易で簡明な解説を加えています。

- 用語に対する解説に加えて，その用語と他の用語との関連についても示しています。それにより，体系的に用語の理解を深めることができます。

- 巻末の索引・欧語索引だけでなく，巻頭にも体系目次を掲載しています。そのため，用語の検索を分野・トピックスからも行うことができます。

中央経済社